Energie, Mobilität und Wirtschaft

Gunter Stephan
Georg Müller-Fürstenberger
Stephan Herbst

Energie, Mobilität und Wirtschaft

Die Auswirkungen einer Ökosteuer auf Wirtschaft, Verkehr und Arbeit

Mit 51 Abbildungen
und 4 Tabellen

Physica-Verlag
Ein Unternehmen
des Springer-Verlags

Professor Dr. Gunter Stephan
Dr. Georg Müller-Fürstenberger
Universität Bern
Institut für Volkswirtschaft
Abteilung Angewandte Mikroökonomie
Gesellschaftsstrasse 49
3012 Bern, Schweiz

Dr. Stephan Herbst
Volkswagen AG
Nachhaltigkeitsstrategie
Brieffach 1774/3
38436 Wolfsburg

ISBN 3-7908-1534-9 Physica-Verlag Heidelberg

Bibliografische Information Der Deutschen Bibliothek

Die Deutsche Bibliothek verzeichnet diese Publikation in der Deutschen Nationalbibliografie; detaillierte bibliografische Daten sind im Internet über *http://dnb.ddb.de* abrufbar.

Physica-Verlag Heidelberg
ein Unternehmen der BertelsmannSpringer Science + Business Media GmbH

http://www.springer.de

© Physica-Verlag Heidelberg 2003
Printed in Germany

Umschlaggestaltung: Erich Kirchner, Heidelberg

SPIN 10892116   88/3130 – 5 4 3 2 1 0 – Gedruckt auf alterungsbeständigem Papier

Vorbemerkungen und Dank

Heute sind die Auswirkungen der ökologischen Steuerreform direkt an der Zapf-säule abzulesen. Ob sich jedoch die beabsichtigte Lenkungswirkung - die Entlas-tung der Umwelt von schädlichen Emissionen einerseits und die Stärkung des Standorts Deutschland dank einer Senkung der Lohnnebenkosten andererseits - eingestellt hat, ist bisher kaum zu quantifizieren. Unabhängig davon mehren sich aber die Stimmen derjenigen, die nach anfänglicher Skepsis heute in der von der Bundesregierung eingeleiteten Ökologisierung des Steuersystems einen Weg se-hen, ökonomische Ziele und ökologische Anliegen gemeinsam zu realisieren.

Sicher, die Ökosteuerreform ist nicht geeignet, einen wirkungsvollen Beitrag zur Lösung des globalen Klimaproblems zu leisten. Und sie ist mit Sicherheit kei-ne Patentlösung für die in der Bundesrepublik Deutschland herrschende Arbeits-marktproblematik. Zu sehr ist die Anpassungsfähigkeit der deutschen Wirtschaft durch institutionelle Regelungen behindert. Zu gering ist die Konsensfähigkeit der Tarifparteien und zu gross die Versuchung, die Spielräume am Arbeitsmarkt in Lohnforderungen zu überführen. Dennoch scheint es Anzeichen dafür zu geben, dass die Ökosteuer die Wettbewerbsfähigkeit des Industriestandorts Deutschland graduell verbessert, den Wandel von einer Industrie- zur Dienstleistungs- und In-formationsgesellschaft beschleunigt, eine Umverteilung zugunsten künftiger Ge-nerationen auslöst, und zu einer moderaten Entspannung auf den Arbeitsmärkten führen kann. Ob und inwieweit von der ökologischen Steuerreform diese Effekte ausgehen, ist Gegenstand der vorliegenden Untersuchung.

Die Anregung zu dieser Untersuchung verdanken wir Herrn Dr. Friedrich Quis-sek sowie Herrn Dr. Horst Minte, der die Studie in ihrer Entstehung begleitet hat. Unsere Mitarbeiter, Herr Daniel Haessig und Frau Claudia Meier, haben die mü-hevolle Aufgabe übernommen, ein druckfertiges Manuskript herzustellen. Schliesslich schulden wir Dank der VOLKSWAGEN AG (Wolfsburg), durch de-ren finanzielle Unterstützung diese Studie möglich wurde.

Auf zwei Besonderheiten sei an dieser Stelle hingewiesen. Die Orthographie dieser Studie orientiert sich an der Schweizer Norm und unterscheidet sich im Einzelfall leicht von der Deutschen Rechtschreibung. Überdies sind alle Beträge in DM ausgewiesen, da die Studie vor der Währungsumstellung durchgeführt wurde. Natürlich sind für eventuelle Fehler, Unzulänglichkeiten und Unverständ-lichkeiten ausschliesslich die Autoren verantwortlich, die auch für Inhalt und Aus-sagen die alleinige Verantwortung übernehmen.

Bern, im Frühjahr 2002

Gunter Stephan,
Georg Müller-Fürstenberger,
Stephan Herbst

Inhalt

II: Ökosteuern, Mobilität und Wirtschaft: der theoretische Ansatz

III: Ökosteuern, Mobilität und Wirtschaft: Wachstum, Strukturwandel und Mobilität

IV: Ökosteuern, Mobilität und Wirtschaft: Wachstum, Strukturwandel und Beschäftigung

Wo Märkte aus sich heraus eher zu kurzfristiger Orientierung neigen, muss der Staat ... am besten ... durch marktkonforme Preissignale für langfristig orientiertes, dauerhaftes Vorgehen sorgen. Dass sich der Staat dabei, wie auch in anderen Bereichen, steuerpolitischer Instrumente bedienen darf, steht ausser Frage. (Roman Herzog, Alt-Bundespräsident)

1 Vorbemerkungen

1.1 Verkehr, Umwelt und Ökosteuer: eine nationale Perspektive

Für die Volkswirtschaft der Bundesrepublik Deutschland ist der Verkehrssektor von grosser Bedeutung. 1990 erwirtschaftete der Fahrzeugbau zusammen mit dem Bereich Verkehrsdienstleistungen fast sieben Prozent des Bruttoinlandprodukts. Dies reflektiert aber nur einen relativ geringen Teil des Nutzens, den die deutsche Volkswirtschaft aus dem Verkehr zieht. Nicht berücksichtigt sind nämlich dessen indirekten Leistungen. Zu letzteren gehören die Aufträge an die Zulieferindustrie sowie die zur Bereitstellung und den Unterhalt der entsprechenden Verkehrsinfrastrukturen notwendigen Aufwendungen. Dazu zählt auch die Wohlfahrt, welche die Individuen dank privater Mobilität realisieren können. Und schliesslich darf die Tatsache nicht übersehen werden, dass moderne Industriegesellschaften ohne Transportdienstleistungen und Individualverkehr kaum funktionsfähig wären.

Die wirtschaftliche Bedeutung von Mobilität ist aber auch an den Aufwendungen für Verkehrsdienstleistungen abzulesen. 1990 gaben die Deutschen im Durchschnitt vierzehn Prozent ihres Einkommens für individuelle Mobilität aus. Dennoch, dem Nutzen des Verkehrs stehen volkswirtschaftliche Kosten in nicht vernachlässigbarem Umfang gegenüber, die nicht unmittelbar von den Verkehrsteilnehmern über private Investitionen, Abschreibungen und Betriebskosten gedeckt werden. Zu diesen, von der Allgemeinheit getragenen externen Kosten gehören zum Beispiel Staukosten, der volkswirtschaftliche Schaden durch Unfälle oder die Vielfalt von Umweltbelastungen und Landschaftsverbrauch durch den Verkehr.

1990 entfielen knapp 40% des gesamten primären Energieverbrauchs der Bundesrepublik Deutschland auf den Verkehr (siehe DUCHIN und LANGE 1994). Unter Umweltaspekten ist dieser mobilitätsbedingte Konsum von fossiler Energie bedenklich. Unbestritten ist Energie ein wesentlicher Faktor der wirtschaftlichen Entwicklung. Es wird sogar behauptet, die Entfaltung der modernen Volkswirtschaften sei erst durch billige Energie möglich geworden (vgl. PFISTER 1995). Energie ist aber janusköpfig – insbesondere wenn sie, wie im Falle des Verkehrs, aus nichterneuerbaren Ressourcen gewonnen wird. Dann führt ihr Verbrauch nicht nur zu Wohlstand, sondern auch zur Ausbeutung von Ressourcenvorräten und zu Umweltbelastungen durch Emissionen. So wurde beispielsweise errechnet, dass

1990 fast fünfzehn Prozent der globalen Kohlendioxidemissionen von Automobilen ausgestossen wurden (siehe wiederum DUCHIN und LANGE 1994).

Nach drei Jahrzehnten Umweltschutz sind in Deutschland die grossen industriellen Emittenten weitgehend unter Kontrolle. Entsprechend identifizieren viele den strassengebundenen Verkehr als eine der Hauptquellen von Umweltbelastungen, wie der Informationsdienst des Instituts der Deutschen Wirtschaft belegt (siehe UMWELTBERICHTERSTATTUNG 1992). Allerdings zeigen sich im öffentlichen Bewusstsein eigentümliche Gegensätze. Einerseits fordern politisch aktive Gruppen die Eindämmung des Individualverkehrs selbst unter Hinnahme schwerwiegender Beschränkungen der individuellen Freiheit. Andererseits nehmen Mobilität und deren Individualisierung nach wie vor ungebremst zu.

Es kann in der Politik nicht darum gehen, die wirtschaftliche Bedeutung eines Zweiges der deutschen Volkswirtschaft gegen die ökologische Befindlichkeit eines Teils der Gesellschaft auszuspielen. Es kann auch nicht darum gehen, die externen Kosten des Verkehrs auf Biegen und Brechen zu internalisieren. Vielmehr muss eine rationale, zukunftsorientierte Umwelt-, Verkehrs- und Energiepolitik simultan zwei Ziele verfolgen: Einerseits sollte sie dazu beitragen, dass die Wohlfahrt der Gesellschaft gesichert, langfristig sogar gesteigert werden kann. Andererseits muss sie Impulse setzen, Umweltbelastungen zu reduzieren, nachhaltiges Wirtschaften zu fördern und Ressourcenbestände zu schonen.

Die individuelle Freiheit zu bewahren und Wohlstand für alle zu garantieren, ist eine Aufgabe des Rechtsstaates. Auf das Spannungsfeld *Verkehr - Umwelt* übertragen heisst das, Anreize und Rahmenbedingungen zu schaffen, welche die Eigeninitiative und den Erfindungsreichtum, Mobilität von Umweltbelastungen und Energieverbrauch zu entkoppeln, nicht behindern sondern fördern. Im Idealfall müssen diese Anreize auf drei Ebenen gleichzeitig ansetzen:

- bei den Verkehrsteilnehmern, um sie zu einem umweltbewussten Umgang mit der individuellen Mobilität zu motivieren,

- bei der Industrie, um entsprechende umweltentlastende Verkehrsmittel zu entwickeln und konkurrenzfähig bereitzustellen,

- bei den Behörden, um die notwendigen Infrastrukturmassnahmen einzuleiten.

Nicht jeder politische Vorschlag genügt diesen Bedingungen. Dies hängt entscheidend von den eingesetzten Politikinstrumenten ab. So mahnt die Umweltökonomie (vgl. STEPHAN und AHLHEIM 1996) schon lange, dass der in der Vergangenheit beschrittene Weg, durch Gebote, Verbote, Auflagen und Standards direkt und lenkend in die Wirtschaft einzugreifen, langfristig negative Anreize setzt, die Innovationsfähigkeit behindert, bestehende Strukturen und Verhaltensweisen erhält und sowohl ökonomisch als auch ökologisch zu teuer ist. Als bessere Alternative werden Instrumente angesehen, die den individuellen Handlungsspielraum nicht einschränken, gleichzeitig aber umweltbewusstes Verhalten und umweltschonende Technologien wirtschaftlich rentabel werden lassen.

Auch die von der Bundesregierung auf den Weg gebrachte ökologische Steuerreform gehört vom Prinzip her in die letzte Kategorie. Eigentlich handelt es sich bei einer Ökosteuer um eine ökologisch motivierte Lenkungsabgabe mit spezieller Mittelverwendung. Konkret bedeutet das: Erstens soll durch die Verteuerung von Energie durch eine Abgabe (Steuer) ein monetärer Anreiz ausgelöst werden, bewusster als bisher mit Energie und Mobilität umzugehen. Zweitens sollen die so erzielten Einnahmen dazu verwendet werden, Deutschland als Wirtschaftsstandort attraktiver zu machen.

Nach drei Jahren Ökosteuerreform ist jetzt der Zeitpunkt gekommen, ein erstes, auch für Nichtspezialisierte verständliches Resümee zu ziehen. Gegenstand dieses Buches ist daher zu untersuchen, inwieweit die im Rahmen der Ökosteuerreform vollzogene und für die Zukunft vorgesehene weitere Erhöhung der Mineralölsteuer eine rationale und langfristig tragfähige Standort-, Verkehrs- und Umweltpolitik in der Bundesrepublik Deutschland zu fördern vermag. Insbesondere sollen die Fragen behandelt werden:

- Wie beeinflusst die Verteuerung von Kraftstoffen die individuelle Mobilität?

- Werden umweltfreundlichere Fahrzeuge früher konkurrenzfähig oder verlängern die erhöhten Betriebskosten die Nutzungsdauer bereits in Betrieb gesetzter Fahrzeuge und behindern so die Bestandserneuerung?

- Begünstigt die Ökosteuerreform den strukturellen Wandel in der deutschen Volkswirtschaft und fördert die Innovation energiesparender Technologien?

- Wie wirken Ökosteuern auf die gesellschaftliche Wohlfahrt und die Verteilung von Einkommen ?

- Beeinflusst die Ökosteuerreform langfristig die Wettbewerbsfähigkeit des Standorts Deutschland und seine wirtschaftliche Entwicklung?

- Ist es realistisch zu erwarten, die Ökosteuerreform könne zur Entspannung auf den Arbeitsmärkten beitragen?

1.2 Verkehr, Umwelt und Ökosteuer: eine globale Perspektive

Auch wenn wir die Ökosteuerreform hauptsächlich aus der nationalen Perspektive betrachten, auch wenn im folgenden ausschliesslich die Frage aufgeworfen wird, ob die in Deutschland realisierte ökologische Steuerreform dazu beitragen kann, die Umwelt zu entlasten und gleichzeitig Beschäftigung zu schaffen, so muss doch klar sein: Grundsätzlich kann die Ökosteuerreform nicht isoliert, sondern muss eingebettet in ein globales Konzept gesehen werden.

Heute teilt die Mehrheit der Wissenschaftler und Politikerinnen die Ansicht, dass der Schutz der Erdatmosphäre *die* umweltpolitische Herausforderung des 21sten Jahrhunderts sei (GEHR et al. 1997). Und nicht wenige ziehen daraus den Schluss, Klimapolitik müsse im wesentlichen auf die weltweite Verringerung der anthropogen verursachten Treibhausgasemissionen ausgerichtet sein. So wurde 1997 an der Klimakonferenz von Kyoto beschlossen, die Emissionen der sechs wichtigsten Treibhausgase Kohlendioxid (CO_2), Methan, Distickstoffmonoxid (Lachgas), vollhalogenierte (FSCW) beziehungsweise teilhalogenierte (FCKW) Fluorkohlenwasserstoffe, sowie Schwefelhexafluorid bis 2012 weltweit um mindestens fünf Prozent bezogen auf das Emissionsniveau von 1990 zu reduzieren.[1]

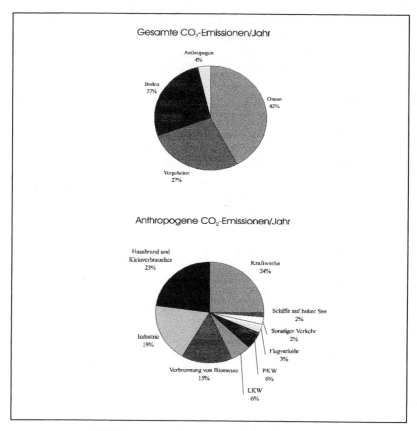

Abbildung 1.1 Globale CO_2-Emissionen (pro Jahr)

---

[1] Die Europäische Union hat sogar eine Reduktion um mindestens acht Prozent festgelegt.

Kohlendioxid und dessen Akkumulation in der Erdatmosphäre gilt dabei als die Hauptursache für den Treibhauseffekt und den dadurch ausgelösten globalen Klimawandel. Pro Jahr resultieren etwa zwölf Prozent der globalen CO_2-Emissionen aus dem Straßenverkehr. Und 5,5 Prozent der globalen Kohlendioxidemissionen können unmittelbar dem Mobilitätsträger Personenkraftwagen (PKW) zugerechnet werden, wie an Hand von Abbildung 1.1 abzulesen ist.

Es ist anzunehmen, dass durch den weltweit wachsenden Mobilitätsbedarf der Beitrag des Verkehrs zu den globalen Treibhausgasemissionen weiter steigt. In den Industrieländern wird diese Entwicklung vor allem durch die räumliche Trennung von Wohn- und Arbeitsbereich, den Wunsch nach dem Haus im Grünen sowie durch steigende Freizeitaktivitäten getrieben. In den industriellen Schwellenländern dagegen ist es vornehmlich der steigende Wohlstand, der immer mehr Menschen zum PKW-Besitzer werden lässt. Stimmen diese Prognosen – und empirische Evidenz spricht dafür – ist das Auto auch in absehbarer Zukunft unverzichtbarer Bestandteil des weltweiten Verkehrssystems. Deshalb muss die Minderung des Kraftstoffverbrauchs und damit der mobilitätsbedingten CO_2-Emissionen eines der Hauptziele in der Automobilentwicklung bleiben.

1.3 Umweltpolitische Instrumente: ein kurzer Überblick

Wie aber kann das umweltpolitische Ziel eingelöst werden, vom Verkehr verursachte Emissionen global und national zu senken? Fragt man die Industrie, lautet deren Antwort in der Regel, sie sei in gewissem Umfang bereit, einen freiwilligen Beitrag zur Sicherung der Umweltqualität zu leisten (siehe VDA 2001). Tatsächlich besteht das von der Industrie bevorzugte Instrument in sogenannten freiwilligen Selbstverpflichtungen. So hat beispielsweise die Automobilindustrie über ihren Verband, den VDA, freiwillig zugesagt, bis 2005 die mobilitätsabhängigen CO_2-Emissionen bezogen auf die Basis 1990 um 25 Prozent zu reduzieren. Und sie hat sich im Rahmen der ACEA-Zusage verpflichtet, bis 2008 den fahrzeugspezifischen Kohlendioxidausstoss pro gefahrenem Kilometer von derzeit über 200 g auf 140 g CO_2/km zu senken.[2]

Eine theoretische Begründung dafür, dass freiwillige Selbstverpflichtungen ein geeignetes und wirkungsvolles Instrument der Umweltpolitik sein können, liefert das *Theorem von Coase* (für eine Diskussion siehe STEPHAN und MÜLLER-FÜRSTENBERGER 1997). Neben theoretischer Eleganz und Einfachheit überzeugt insbesondere die Kosteneffizienz, die charakteristisch für freiwillige Beiträge zur Beseitigung von Umweltbelastungen ist. Allerdings sind auch die Probleme nicht zu übersehen, die bewältigt werden müssen, wenn etwa das globale Klimaproblem durch freiwillige Kooperation gemeistert werden sollte.

---

[2] Bisher wurden CO_2-Emissionen vor allem durch die Optimierung der Diesel- bzw. der Benzintechnologien reduziert. Beispiele sind der Lupo 3L TDI und der Lupo FSI.

Die Erdatmosphäre ist ein öffentliches Gut. Solange keine anders lautenden, international verbindlichen Bestimmungen existieren, kann jeder in beliebigem Umfang Emissionen in der Atmosphäre deponieren. Somit ist für einzelne der Anreiz niedrig, freiwillig Massnahmen zum Schutz der Atmosphäre zu ergreifen. Denn die Wirkung des Beitrags einzelner ist in der Regel vernachlässigbar gering, die resultierenden Kosten hingegen individuell deutlich spürbar. Deshalb ist die Verlockung gross, sich als Trittbrettfahrer zu verhalten (siehe PROOPS et al. 1992). Tragen nämlich die anderen freiwillig zur Vermeidung des Klimaeffekts bei, profitiert auch der Trittbrettfahrer davon, ohne an den Kosten beteiligt zu sein. Da alle so denken, wird niemand freiwillig Kosten für den Klimaschutz übernehmen.

Das eben skizzierte Motivations- und Anreizproblem kann überwunden werden, wenn ein glaubwürdiger Drohpunkt existiert. Ein Beispiel hierfür bietet das *Duale System Deutschland*. Dies ist Resultat einer gemeinsamen freiwilligen Selbstverpflichtung von Verpackungsindustrie und Handel, Verpackungsabfälle in geordneter Weise zu entsorgen (vgl. AHLHEIM 1993). Zustande kam diese Lösung, nachdem der damalige Umweltminister Töpfer androhte, andernfalls eine Müllabgabe auf Bundesebene einzuführen. Es ist daher kaum überraschend, dass die Mehrzahl an Ökonomen, die sich mit dem globalen Klimaproblem beschäftigen, immer wieder betonen, eine wirkungsvolle Lösung des Treibhausproblems setze international gültige Vereinbarungen und den Einsatz entsprechender Instrumente voraus (siehe etwa HOEL 1997).

Welche Instrumente stehen dem Klimaschutz zur Verfügung? Ökonomen betrachten üblicherweise international frei und unbeschränkt handelbare Emissionsrechte als *das* Instrument der globalen Klimapolitik. Die Idee hinter diesem Konzept ist denkbar einfach: Zunächst werden handelbare Emissionsrechte in Umlauf gebracht, die den international vereinbarten Emissions-Kontingenten entsprechen. Diese Zertifikate werden entweder an die Emittenten kostenlos verteilt (*grandfathering*) oder versteigert (*auctioning*), wobei auch eine Kombination aus beiden Verfahren denkbar ist. Nur wer Emissionsrechte besitzt, darf eine entsprechende Menge an Treibhausgasen emittieren. Darüber hinausgehende Emissionen müssen entweder über Vermeidungsmassnahmen reduziert oder durch den Kauf zusätzlicher Zertifikate legalisiert werden.

Nimmt ein Emittent die ihm zustehenden Emissionsrechte nicht vollständig in Anspruch, kann er den Rest an solche verkaufen, die zusätzliche Emissionen zu decken haben. So entsteht ein Preis für Emissionsrechte, der den Grenzkosten der jeweiligen Verschmutzungsreduktion entspricht. Der Charme des Handels mit Emissionsrechten besteht dabei darin, dass über diesen Hebel Grenzkosten der Vermeidung international ausgeglichen und globale Reduktionsziele zu geringsten Kosten erreicht werden (STEPHAN und MÜLLER-FÜRSTENBERGER 1997).

So einfach die Theorie klingt, so schwierig ist ihre Umsetzung. Noch ist offen, wer an einem Handel teilnehmen kann. Sind dies Staaten, Sektoren oder gar einzelne Unternehmungen? Ebenso ist unklar, wie Emissionsrechte verteilt werden, und ob das Sparen (*banking*) oder das Leihen (*borrowing*) von Emissionsrechten zulässig ist. Ungeklärt ist auch, ob der weltweite Handel von Emissionszertifikaten im Verhältnis zu inländischen Reduktionsaktivitäten begrenzt werden soll, ob und in welcher Form Sanktionen vorgesehen sind. Zu klären ist schließlich, ob der Handel mit Emissionsrechten mit anderen umweltpolitischen Instrumenten vereinbar ist, wie die Zertifizierung und das Monitoring zu gestalten sind, und inwieweit CO_2-Senken akzeptiert werden. Mögliche Lösungsansätze werden derzeit auf europäischer, nationaler sowie auf Unternehmensebene intensiv diskutiert. Eine abschließende Wertung dieses Instruments ist aufgrund der vielen offenen Fragen derzeit noch nicht möglich.

Im Gegensatz zum Zertifikatehandel werden Ökosteuern im allgemeinen nicht als Instrument des globalen Klimaschutzes angesehen. Ökosteuern sind vielmehr Instrumente der nationalen Umweltpolitik und bilden im besten Fall eine sinnvolle Ergänzung zum Institut international handelbarer Emissionszertifikate. Da das Konzept Ökosteuern ausführlicher in Teil I diskutiert wird, seien hier nur einige Aspekte kurz erwähnt. Zweck einer Ökosteuer ist in erster Linie, umweltbewusstes Verhalten zu fördern und umweltschonende Technologien wettbewerbsfähig zu machen. So soll die Energieeffizienz gesteigert und die nationalen Emissionen gesenkt werden. Zu einer Entlastung der regionalen und globalen Umweltsysteme könnte somit der wünschenswerte Nebeneffekt treten, dass immer weniger der einem Nationalstaat zugeteilten Emissionszertifikate in Anspruch genommen werden müssen. Die Lenkungswirkung einer solchen Steuer hängt allerdings davon ab, wie flexibel die Betroffenen auf die Änderungen von Energiepreisen reagieren können. Beispielsweise wird die Entscheidung eines einzelnen, ein emissionsarmes Auto zu kaufen, nicht allein vom Kraftstoffpreis gesteuert. Neben weiteren ökonomischen Faktoren wie dem verfügbaren Einkommen, der Kraftfahrzeugsteuer und den Unterhaltskosten bestimmen beispielsweise der Komfort, die Verfügbarkeit oder das Image mit, welche Form von Mobilität und welcher Mobilitätsträger gewählt wird.

2 Warum interessieren sich Automobilhersteller für die Ökosteuer?

Die Zukunftsfähigkeit eines Unternehmens zu sichern heisst, Trends frühzeitig zu erkennen, Informationen rechtzeitig zu erfassen und auf dieser Grundlage Empfehlungen für die strategische Weiterentwicklung zu erarbeiten. Früherkennung ist deshalb für viele Automobilhersteller ein wesentlicher Bestandteil ihres Umweltmanagements (siehe dazu VOLKSWAGEN 1997) und erklärt, weshalb umweltbezogene Rahmenbedingungen und automobilbezogene Trends kontinuierlich und systematisch erfasst und erforscht werden.

8

2.1 Trends und Meinungsbildung

Medienpräsenzanalysen sind in diesem Zusammenhang von besonderer Bedeutung. Sie erlauben abzuschätzen, welchen Stellenwert ein Thema in der öffentlichen Diskussion erreicht hat. Für die ökologische Steuerreform ergab sich dabei, dass das öffentliche Interesse im Oktober 1998 am höchsten war; zu jenem Zeitpunkt also, als der Einstieg in die Reform beschlossen wurde. Danach nahm die Wahrnehmung durch die Öffentlichkeit ab, um Ende 1999, als die zweite Stufe der Ökosteuerreform ausgelöst wurde, erneut anzusteigen (siehe Abbildung 2.1).

1998 wie 1999 war die ökologische Steuerreform sogar das am intensivsten diskutierte Thema aus dem Bereich Umwelt. Genauere Analysen decken dabei eine Verlagerung von Aspekten in der Diskussion auf. Vor 1998 wurde grundlegend mit Pro und Contra Argumenten für und gegen die ökologische Steuerreform debattiert. Seit 1999 stehen die konkreten Steuersätze, mögliche Belastungs-grenzen, Verwaltungshemmnisse und Verteilungseffekte zur Diskussion. Gleich-zeitig beteiligen sich jetzt nicht nur Politiker und Wissenschaftler sondern alle gesellschaftlichen Schichten am Meinungsaustausch.

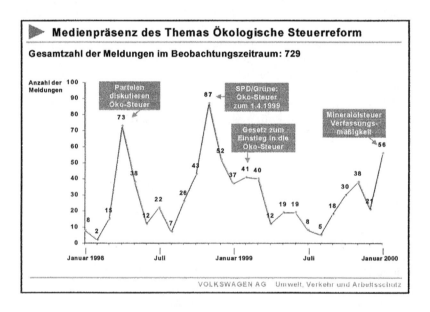

Abbildung 2.1 Medienpräsenz Ökologische Steuerreform[3]

---

[3] Siehe dazu VOLKSWAGEN AG (2000, S. 20).

Die breite Öffentlichkeit hat den Einstieg in die ökologische Steuerreform weitgehend positiv bewertet. Doch die konkrete Ausgestaltung der in Deutschland von
der rot-grünen Bundesregierung begonnenen Reform stößt auf Kritik. Den Wirt-
schaftsverbänden und Unternehmensvertretern, insbesondere dem Bundesverband
der Deutschen Industrie und dem Verband der Chemischen Industrie, geht die Reform zu weit. Sie fordern Nachbesserungen und Ausnahmeregelungen, um die
Wettbewerbsfähigkeit Deutschlands nicht durch zusätzliche Belastungen zu ge-
fährden. Für die Umweltverbände hingegen greift die Reform zu kurz. Nach deren
Einschätzung sind die Steuersätze zu gering, und die dadurch entfalteten Len-
kungswirkungen ungewiss.

2.2 Die Rolle des Kraftstoffpreises

Unabhängig davon, ob die in Deutschland auf den Weg gebrachte ökologische
Steuerreform als erfolgsversprechend eingeschätzt wird oder eine ökologische
Leerformel ist, in jedem Fall beeinflusst sie die Preise für Kraftstoffe. Deshalb ist
es für Automobilhersteller von Bedeutung zu wissen, wie der Benzinpreis und seine Entwicklung Einfluss nehmen auf die PKW-Kaufentscheidung der Haushalte.

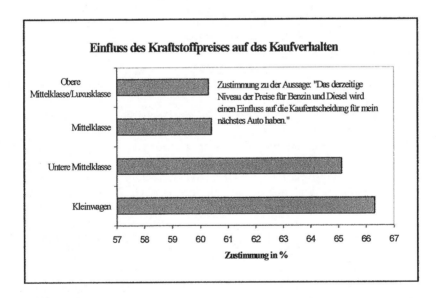

Abbildung 2.2 Einfluss der Kraftstoffpreise auf die PKW-Kaufentscheidung[4]

---

[4] Quelle: GFK Pressedienst. 31.01.2002.

Wie Abbildung 2.2 andeutet, differiert der Einfluss, den Kraftstoffpreise auf die Kaufentscheidung nehmen, von Autofahrergruppe zu Autofahrergruppe deutlich. Fahrerinnen von Kleinwagen messen dem Benzinpreis eine wesentlich höhere Bedeutung zu als Käufer von Luxusfahrzeugen. Aus ökonomischer Sicht ist dies nicht überraschend. Die Entscheidung, in ein Fahrzeug zu investieren, hängt von vielen Faktoren ab. Neben Image, Sicherheit und Komfort sind Kraftstoffpreise nur eine weitere Variable, deren Bedeutung zusätzlich abnimmt, je geringer die Betriebskosten im Vergleich zu den Anschaffungskosten und damit dem Wertverlust ausfallen. Dies erklärt, warum Besitzer von Premiummarken weniger stark auf Kraftstoffpreise und deren Änderung reagieren als Käufer von Kleinwagen.

2.3 Vorausblick

Aus solchen Erhebungen lässt sich allerdings nicht schließen, dass die zunehmende Sensibilität für das Thema Mobilität und Umwelt tatsächlich zu einem veränderten Kaufverhalten führt. Und aufbauend auf Umfrageergebnissen allein kann keine Aussage darüber getroffen werden, ob eine Erhöhung der Kraftstoffpreise bereits kurzfristig ökologisch positiv wirkt, beziehungsweise welche wirtschaftlichen Auswirkungen langfristig zu erwarten sind. Ebensowenig lässt sich durch Beobachten des Meinungsbildungsprozesses allein Aufschluss über die Wirkung einer fiskalischen Maßnahme gewinnen. Trendforschung und Meinungsumfrage vermögen nicht, eine solide, theoretisch fundierte Analyse zu ersetzen. Nicht zuletzt aus diesem Grund werden im vorliegenden Buch mit Hilfe eines Dynamischen Berechenbaren Allgemeinen Gleichgewichtsmodells die Wirkungen sowohl der bestehenden Ökosteuer als auch alternativer Energiepreisszenarien auf die deutsche Volkswirtschaft simuliert.

Natürlich wäre es vermessen zu behaupten, die Auswirkungen einer Erhöhung der Energiepreise lasse sich *exakt prognostizieren*. Zu viele Faktoren sind von entscheidendem Einfluss, zu komplex und zahlreich sind deren Interaktionen, und zu gross sind die Unsicherheiten, mit denen künftige Entwicklungen wie zum Beispiel die der Rohölpreise verhaftet sind. Dennoch werden in der vorliegenden Studie eine Reihe von Effekten qualifiziert. Was den Bereich Verkehr und Mobilität anbelangt, belegt die Studie unter anderem:

- In Staaten mit einem hohen Mass an individueller Mobilität ändert eine Erhöhung der Treibstoffpreise das Nachfrageverhalten mittelfristig kaum.

- Die Ökosteuer führt – bei einer insgesamt wachsenden Nachfrage nach Mobilität – zu keinem signifikanten Umstiegseffekt vom Individualverkehr zum öffentlichen Personenverkehr.

- Langfristig findet unter den Individualmobilitätsträgern eine Bestandsumschichtung zugunsten von Dieselfahrzeugen statt.

Was die wirtschaftliche Entwicklung betrifft, zeigt unsere Untersuchung:

- Zu den Gewinnern der Ökosteuer gehören der Dienstleistungsbereich und die Informationsverarbeitung. Zu den Benachteiligten gehören der gewerbliche Straßenverkehr und die Automobilindustrie.

- Die Ökosteuer allein hat langfristig kaum Auswirkungen auf das Bruttoinlandprodukt.

- Es ist ein, wenn auch geringer, so doch positiver Beschäftigungseffekt zu beobachten.

I:

Ökosteuern, Mobilität und Wirtschaft:

eine politikorientierte Darstellung

Umwelt- und Verkehrspolitik muss Teil eines auf die Zukunft ausgerichteten Politik-konzepts sein. Sie sollte gesellschaftliche Akzeptanz finden und darf nicht im Wi-derspruch zu den zentralen Anliegen der Wirtschafts-, Standort- und Technologie-politik stehen. Ist die Ökosteuer und die damit verbundene Verteuerung von Energie ein in diesem Sinn konstruktiver Schritt in die richtige Richtung? Kann sie zur Lösung eines scheinbar unlösbaren Konflikts beitragen – eines Konflikts, der sich in der Forderung dokumentiert, die Umwelt zu entlasten und schonend mit den natürlichen Ressourcen umzugehen, aber gleichzeitig den Wohlstand zu sichern und Beschäftigung zu schaffen? Einer politisch interessierten Leserschaft Hinweise und Antworten auf diese Fragen zu geben, ist Ziel dieses Abschnitts.

Wir erlauben uns, diesen Diskurs mit lockerer Hand zu führen. Bewusst verzichten wir auf eine, im wesentlichen nur für Spezialisten interessante wirtschaftswissen-schaftlich ausgerichtete Diskussion. Möglich wird dies unter anderem, weil in der wissenschaftlichen Literatur die ökonomischen Aspekte einer Ökosteuerreform aus-führlich abgehandelt sind. Beispiele hierfür finden sich in den Arbeiten von BOVENBERG (1999), GOULDER (2002), KOSKELA et al. (2001), RICHTER und SCHNEIDER (2001).

3   Ökosteuerreform, warum?

3.1   Globalisierung

Viele fühlen sich durch die zunehmende Globalisierung der Wirtschaft bedroht. Sie fürchten, dass mit der Entfaltung multinationaler Firmen und durch die fortschrei-tende Liberalisierung des Welthandels der soziale Frieden gefährdet, der nachhalti-ge Schutz unserer natürlichen Umwelt in Frage gestellt ist, ja dass die nationale Selbstbestimmung in der Umwelt-, Sozial- und Wirtschaftspolitik unterlaufen wird. Diese Gefahren lassen sich nicht vollständig von der Hand weisen. Einerseits sind multinationale Unternehmungen weitgehend dem Einfluss einzelner Nationalstaa-ten und damit der heute funktionierenden Form demokratischer Kontrolle entzo-gen. Andererseits können – mehr noch als schon heute – *billige* Arbeitskräfte auf die Arbeitsmärkte der industrialisierten Welt drängen. Und schliesslich vermag die zunehmende internationale Verflechtung der Wirtschaft nicht nur den globalen Handel zu beschleunigen, sondern wird auch das Verkehrsaufkommen massiv an-steigen lassen und so eine Erosion von Umweltschutzbestimmungen auslösen.

Dennoch liegen in der Globalisierung neben grossen Herausforderungen auch erhebliche Chancen. Letztere bestehen darin, dass Globalisierung zu mehr Wett-bewerb, zu Innovationen, Investitionen und wirtschaftlichem Aufschwung führen kann. Langfristig sind sogar positive Auswirkungen auf die Umwelt zu erwarten. Denn einerseits wird so der notwendige strukturelle Umbau der Wirtschaft be-schleunigt, und andererseits nimmt mit steigendem Wohlstand die Bereitschaft zu, in Umweltschutz und Umweltqualität zu investieren.

Von den Chancen der Globalisierung kann aber nur profitieren, wer deren Herausforderung annimmt. Dazu gehört, potentiellen Investoren eine entsprechende Infrastruktur und Standortqualität zu bieten. Das schliesst neben einem hohen Ausbildungsniveau, einer leistungsfähigen Transport- und Kommunikationsinfrastruktur, neben sozialem Frieden und politischer Stabilität insbesondere auch ein, dass die regionale Umwelt weitgehend intakt und das Steuersystem international konkurrenzfähig ist (siehe GORDON und BOVENBERG 1996).

3.2   Steuerharmonisierung und Steuerwettbewerb

In Europa werden heute wie schon vor hundert Jahren hauptsächlich die Produktionsfaktoren Kapital und Arbeit besteuert. Diese Dominanz der direkten über die indirekte Besteuerung hat im wesentlichen historische Gründe. Ein stabiles Steueraufkommen ist für jeden Staat Voraussetzung für eine rationale und planbare Politik. Dazu bedarf es sowohl einer einfach kontrollierbaren Steuerbasis als auch sicherer Einnahmequellen. Im späten 19ten und frühen 20sten Jahrhundert waren die Faktoren Kapital und Arbeit international kaum mobil, so dass sich in der Entstehungsphase der Nationalstaaten Kapital und Arbeit als ideale Bemessungsgrundlagen für eine Steuererhebung anboten.

Beide Produktionsfaktoren sind bereits heute und werden in Zukunft verstärkt mobil. Regional unterschiedliche Besteuerungen von Kapital und Arbeit können zur Wanderung von Faktoren und letztlich sogar zur Verlagerung von Wirtschaftsstandorten führen. Steuerinduzierte Verlagerungseffekte scheinen daher nur vermeidbar, wenn von einer direkten Quellenbesteuerung auf ein System indirekter Steuern gewechselt wird. In beschränktem Umfang eröffnet die Besteuerung von Energie beziehungsweise von Umweltverbrauch diese Möglichkeit.[5]

Gegen den Alleingang Deutschlands wird häufig eingewendet, dass eine solche Politik zu internationalen Wettbewerbsnachteilen führt (siehe RICHTER und SCHNEIDER 2001). Dem können aber theoretische und empirische Argumente entgegengehalten werden. Erstens sollten Steuern auf Energie die Wirtschaft und die Haushalte nicht zusätzlich belasten. Vielmehr müssen dafür andere Steuern und den Wirtschaftsstandort verteuernde Kosten abgebaut werden. Im Idealfall sollte die auf diese Weise gesteigerte Standortattraktivität den Nachteil höherer Energiekosten mehr als nur kompensieren.

Zweitens erzwingt die zunehmende Mobilität von Kapital den Ausgleich der Verzinsung von Investitionen zwischen den Regionen. Solange Unterschiede bestehen, wird Kapital nämlich aus Ländern mit einer niedrigen Grenzproduktivität in Regionen mit einer hohen Verzinsung fliessen. Der konventionellen ökonomischen Theorie folgend (siehe SINN 1987) bedingt der Abfluss von Kapital aus ei-

---

[5] Der Ersatz von *Steuern auf Arbeit* durch *Steuern auf Energie* ist eine zweitbeste Lösung. Aus theoretischer Sicht wäre optimal, die Löhne zu senken und inländische Arbeitskraft entsprechend zu kompensieren (siehe SINN 1999). Politisch ist dies kaum zu realisieren.

ner Region mit niedriger Verzinsung eine Steigerung der Produktivität von Kapital, während verstärkte Investitionen in wenig kapitalisierte Regionen einen entgegengesetzten Effekt auslösen. Heute liegen in Deutschland die Rentabilität von Investitionen und die Verzinsung von Kapital nach Steuern unter dem internationalen Durchschnitt. Beim bestehenden Steuersystem ist somit langfristig mit einem anhaltenden Abfluss von Kapital und einem negativen Einfluss auf die Entwicklung der deutschen Volkswirtschaft zu rechnen.

Drittens zeigen empirische Untersuchungen (siehe etwa SUAREZ 1999): Importwettbewerb wirkt in den meisten Industrieländern prinzipiell negativ auf Löhne und Beschäftigung. Doch die relevanten Elastizitäten sind in der Regel sehr gering. Daraus lässt sich schliessen, dass eine geringfügige relative Verbilligung von Importen durch eine moderate Ökosteuer auf Energie kaum Einfluss auf die Entwicklung der Binnenwirtschaft und den Arbeitsmarkt nimmt. Sollten dennoch Effekte zu beobachten sein, so werden diese eher durch psychologische Gründe denn durch ökonomische Rationalität bestimmt.

Schliesslich ist höchst umstritten, ob eine Steuerharmonisierung auf nationaler oder gar internationaler Ebene überhaupt nötig beziehungsweise erwünscht ist. Empirische Fakten scheinen dagegen zu sprechen. Beispielsweise liegt in der Schweiz die Steuerhoheit bei den Kantonen und Gemeinden. Beide Körperschaften haben sich bisher erfolgreich gegen eine Harmonisierung gewehrt. Tatsächlich hätte ein solches Ansinnen auch wenig Chancen auf Realisierung. Bei den Stimmbürgern hat Steuerhoheit immer noch einen hohen Stellenwert. Jeder Versuch, diese Souveränität abzubauen, beziehungsweise auf andere Gebietskörperschaften zu verlagern, ist bislang auf heftigen politischen Widerstand gestossen. Zusätzlich ginge bei einer Harmonisierung die Möglichkeit verloren, den Wettbewerb von Steuersystemen systematisch auszunutzen, um Standorte attraktiv zu machen und die Wohlfahrt einer Gesellschaft zu erhöhen.

3.3 Vollzugsdefizit im Umweltschutz

Zweifellos hat der Umweltschutz in den meisten Industrieländern einen hohen Stand erreicht. Doch trotz der enormen Anstrengungen, durch Gebote, Verbote und Verordnungen die Umwelt zu schützen und den Naturverbrauch einzudämmen, ist es in vielen Fällen nicht gelungen, die Zielvorgaben zu erreichen. Man kann ohne Übertreibung sagen, dass der Umweltschutz in ein Vollzugsdefizit geraten ist.

Ein Grund dafür liegt in der Flut von Einzel- und Spezialverordnungen, die für die Betroffenen kaum noch oder nur mit hohen Kosten nachzuvollziehen sind. Ein weiterer Grund mag darin liegen, dass nach zwanzig Jahren Umweltschutz die entscheidenden Belastungen von vielen kleinen, häufig mobilen und diffus verteilten Quellen ausgelöst werden, die ordnungsrechtlich nur schwer zu kontrollieren sind. Schliesslich wird der Perfektionismus der Regulierung mehr und mehr als Gängelung empfunden, was die individuelle Bereitschaft, etwas für die Umwelt zu tun, eher behindert denn fördert.

Der Gesetzgeber hat dies erkannt und will deshalb den Einsatz von marktwirtschaftlichen Instrumenten, insbesondere von Lenkungsabgaben in der Umweltpolitik verstärken. Denn nach traditionellem Lehrbuchwissen gilt (für eine Diskussion siehe STEPHAN und AHLHEIM 1996):

- Lenkungsabgaben sind effizient und ermöglichen Umweltschutz zu niedrigeren Kosten als ordnungspolitische Instrumente.

- Umweltabgaben belassen die Entscheidungssouveränität bei den Verantwortlichen und lähmen die Eigeninitiative nicht. Im Gegenteil, da sie kein konkretes Verhalten vorschreiben, gewähren sie Handlungsspielraum und belohnen mit einer Verringerung der Abgabenlast jede erfolgreiche Anstrengung, durch Technologie- und Verhaltenswechsel die Umwelt zu entlasten.

- Lenkungsabgaben stimulieren den technischen Fortschritt und eröffnen Entwicklungspotentiale. Und sie fördern über den Hebel der Verteuerung umweltbelastenden Verhaltens langfristig die Ökologisierung der Wirtschaft.

Die genannten Vorzüge können aber nicht genutzt werden, wenn Lenkungsabgaben dem bestehenden System dichter, wenig transparenter Regulierungen aufgepfropft werden oder versucht wird, für jede noch so spezielle Umweltbelastung eine eigene Abgabe einzuführen. Vielmehr sollten die Kosten des Umweltschutzes gesenkt und ein ausgewogenes System aus ordnungsrechtlichem Umweltschutz, freiwilligen Vereinbarungen und Lenkungsabgaben entwickelt werden.

3.4 Was ist zu beachten?

Gelingen kann eine Modernisierung der Energie- und Umweltpolitik nur, wenn zwei zentrale Prinzipien beachtet werden:

- Abgaben sollten sparsam eingesetzt und auf Wesentliches konzentriert sein.

- Sie müssen flexibel, transparent, einfach nachvollziehbar und umsetzbar sein.

Werden diese Prinzipien beachtet, kann es im wesentlichen nur drei Arten von Abgaben geben: Abgaben auf den Verbrauch von fossilen Energieträgern und Energie zum ersten, Abgaben auf den Verbrauch von Wasser beziehungsweise auf Abwasser zum zweiten, Abgaben auf den Verbrauch von Boden und auf Abfälle zum dritten. Eine ökosteuerbegründete Verteuerung von Mineralölen und Treibstoffen wäre hiermit ein Schritt in die richtige Richtung.

Umwelt- und verkehrspolitische Eingriffe beeinflussen in der Regel nicht nur – wie beabsichtigt – die Allokation von Ressourcen. Sie tangieren auch die Einkommens- und Vermögensverteilung und schaffen neben Gewinnern stets auch Verlierer. In einem Rechtsstaat darf die Durchführung solcher Massnahmen deshalb nicht nur Partikulärinteressen befriedigen oder nur von einer Elite befürwortet werden. Sie muss allgemeine Zustimmung finden und das Wohl aller fördern. Politisch motivierte Eingriffe in ein bestehendes Wirtschaftssystem sollten daher nur ausgeführt werden, wenn sie das sogenannte HICKS-KALDOR Kriterium (siehe STEPHAN und AHLHEIM 1996) erfüllen. Dies bedeutet, die Gewinner unter einer solchen Massnahme sind – zumindest theoretisch – in der Lage, die Verlierer vollständig zu entschädigen. Das setzt natürlich zweierlei voraus: Erstens müssen Verlierer und Gewinner klar identifizierbar sein, was in der Realität häufig nicht möglich ist. Zweitens müssen Umverteilungsmodalitäten festgelegt werden, was in der Regel politischen Widerspruch auslöst. Es ist daher nur zu verständlich, dass bei nationalstaatlichen Lösungen des Umweltschutzes das HICKS-KALDOR Kriterium keine Beachtung findet.

Werden Ökosteuern als Politikinstrument ernsthaft in Betracht gezogen, wird dieser Aspekt jedoch wieder virulent. Beispielsweise haben wir ausgerechnet, dass eine Kohlendioxidabgabe, die hinreichend hoch ist, um die schweizerischen CO_2-Emissionen langfristig auf dem Niveau von 1990 zu stabilisieren, im Jahre 2010 ein Abgabenaufkommen von ca. 3% des Bruttosozialprodukts der Schweiz erzeugen würde (siehe dazu STEPHAN und IMBODEN 1995). Bei einem solchen Aufkommen stellt sich unwillkürlich die Frage nach einer sinnvollen Mittelverwendung. Denn erstens können diese Einnahmen nicht einfach dem Staatshaushalt zugeschlagen werden. Die daraus folgende Aufblähung des Staatshaushaltes und die damit verbundene Erhöhung der Staatsquote wären politisch wenig akzeptabel.

Zweitens wird die Verteuerung von Treibstoffen meist als unsozial angesehen. Empfänger niedriger Einkommen sind im allgemeinen stärker belastet als Haushalte mit hohen Einkünften. Die regressive Wirkung einer solchen Steuerungsmassnahme sollte daher kompensiert werden. Und schliesslich bestimmt die Art und Weise, wie das Abgabenaufkommen verwendet wird, sowohl die volkswirtschaftlichen Kosten des politischen Eingriffs, als auch die langfristige Entwicklung der betreffenden Volkswirtschaft (siehe STEPHAN et al. 1992).

Es ist unter dieser Perspektive verständlich, wenn sich die Betroffenen gegen Lenkungsabgaben wehren. Insgesamt liegt sogar die Vermutung nahe, der politische Widerstand, der beispielsweise in der Schweiz gegen eine CO_2-Abgabe aufgebaut wurde, gelte nicht dem Allokationsziel einer Stabilisierung der schweizerischen Kohlendioxidemissionen (siehe dazu MEIER et al. 1998). Politischer Widerstand entsteht vielmehr wegen der Verteilungseffekte einer solchen Lenkungsabgabe und deren Rückwirkungen auf die Wirtschaftlichkeit des Standortes Schweiz. So gesehen sind Ökosteuern auch als der Versuch zu sehen, dank einer sozial und wirtschaftlich sinnvollen Verwendung von Einnahmen die politische Akzeptanz von Lenkungsabgaben zu erhöhen.

4 Ökosteuern, wie wirken sie?

Steuern werden primär erhoben, um die vielfältigen Aufgaben des Rechtsstaates zu finanzieren. Dass dabei auch eine Lenkungswirkung eintreten kann, wird in der Regel selbst dann in Kauf genommen, wenn sich dadurch das Steueraufkommen verkleinert. Anders sieht es bei Lenkungsabgaben aus. Dies sind Instrumente der staatlichen Politik, mit denen das Verhalten von Wirtschaftssubjekten monetär gesteuert werden soll.

Ökosteuern verheiraten beide Funktionen. Sie sind Lenkungsabgaben mit Fiskalfunktion, wobei üblicherweise unterstellt ist, das Aufkommen aus einer Ökosteuer werde dazu verwendet, Einkommen aus anderen Steuerquellen zu ersetzen. Substituiert man auf diese Weise Teile eines bestehenden Steuersystems, so werden zwei positive Effekte, die sogenannte doppelte Dividende, erwartet (siehe PEARCE 1991, für eine ausführliche Diskussion GOULDER 1995).

4.1 Die erste Dividende: Steigerung der Umweltqualität

Entfaltet eine Ökosteuer ihre Lenkungsfunktion, verbessert sich die Umweltqualität. Wird dies von der Mehrheit der Bevölkerung positiv bewertet, steigt die gesamtgesellschaftliche Wohlfahrt. Eine solche, aus der Lenkungsfunktion bedingte Steigerung der Wohlfahrt definiert die sogenannte erste Dividende einer Ökosteuerreform. Denn das Ziel von Ökosteuern ist ja gerade, einen monetären Anreiz zu setzen, die Umwelt weniger zu belasten, weniger Energie zu verbrauchen.

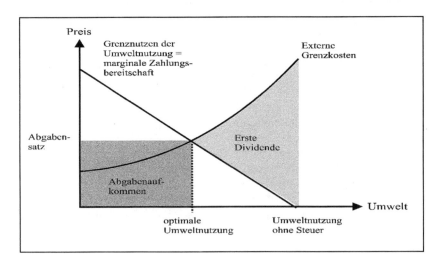

Abbildung 4.1 Die erste Dividende

Um die erste Dividende einzufahren, wird im Idealfall eine Abgabe so erhoben, dass die Zahlungsbereitschaft für die Nutzung der Dienstleistungen der Umwelt gerade mit den dadurch verursachten Schäden, den externen Kosten, übereinstimmt (siehe Abbildung 4.1). Auf diese Weise wird übrigens das Verursacherprinzip durchgesetzt und die externen Kosten des Umweltgebrauchs internalisiert. Denn diejenigen, die durch ihr Verhalten Umweltbelastungen auslösen, müssen eine Abgabe entrichten, die den von ihnen verursachten externen Kosten gerade entspricht (für eine Diskussion siehe ENDRES 1985).

Auch wenn in der Realität die Abgabensätze selten den wissenschaftlich korrekten Wert erreichen, sondern – da im politischen Prozess ausgehandelt – unter diesem liegen, dürfte die erste Dividende dennoch auch in der Praxis kaum umstritten sein. Und solange der Preis für die Dienstleistungen der Natur, also die Umweltsteuer, kleiner oder gleich den externen Kosten der Umweltbelastung ist, profitieren alle von Umweltabgaben.

4.2 Die zweite Dividende: Steigerung der Wohlfahrt

Neben der ökologischen Lenkungsfunktion soll die Ökosteuer die Gesamteffizienz einer Volkswirtschaft positiv beeinflussen. Dabei geht es sowohl um die effiziente Ausgestaltung der Ökosteuer als auch um die Steigerung der gesellschaftlichen Wohlfahrt durch die Ökosteuer. In der ökonomischen Literatur wird der letzte Aspekt unter dem Stichwort zweite Dividende erfasst (siehe AHLHEIM 2001).

Dass die Einnahmen aus einer ökologisch motivierten Steuer nicht einfach dem Staatshaushalt zugeschlagen werden sollten, ist bereits erwähnt. Zum einen wäre dies beim heute herrschenden Staatsverständnis politisch kaum durchsetzbar. Zum anderen würde so das innovative Potential einer ökologischen Steuerreform verschenkt. Denn ohne flankierende, ohne weitere Massnahmen wirkt eine Besteuerung von Energie und Naturgebrauch generell negativ auf die wirtschaftliche Entwicklung einer nationalen Volkswirtschaft. Dies gilt zumal dann, wenn eine solche Reform im nationalen Alleingang durchgeführt wird (vgl. PEARCE 1991).

Die negativen Auswirkungen einer Energieabgabe auf Wirtschaftswachstum und Beschäftigung können aber gemildert, ja sogar ins Gegenteil gekehrt werden. Natürlich hängt dies auch davon ab, ob die anderen Staaten zu ähnlichen Massnahmen greifen oder nicht. Langfristig wesentlich ist aber, wie die Mittel einer solchen Besteuerung verwendet werden (siehe STEPHAN und IMBODEN 1995).

4.3 Die Verwendungsalternativen

Die Einnahmen aus einer Ökosteuer können prinzipiell auf zwei verschiedene Arten verwendet werden: einerseits, um die Konsumenten zu entlasten, andererseits, um die Kosten des Wirtschaftsstandorts zu verringern.

4.3.1 Das Ökobonusprinzip

Bei einer Rückverteilung nach dem Ökobonusprinzip wird das gesamte Aufkommen aus einer Ökosteuer in konstanten Pro-Kopf Beträgen an die privaten Haushalte zurückerstattet. Technisch lässt sich ein solches System in Form von Steuerfreibeträgen umsetzen.

Insgesamt werden von einer derartigen Verwendung des Steueraufkommens positive Effekte in doppelter Hinsicht erwartet. Erstens kommt es zu einer leichten Umverteilung zu Gunsten einkommensschwacher Haushalte. Vermögende Haushalte konsumieren in der Regel mehr Mobilität und verbrauchen grössere Mengen an Energie als ärmere, erhalten aber nur dieselben Beträge zurückerstattet wie letztere. Dadurch wird die regressive Wirkung von Ökosteuern auf Einkommen teilweise kompensiert.

Zweitens wirkt die Rückverteilung dem negativen Effekt einer Einkommensabschöpfung entgegen, wodurch die Binnennachfrage und die Spartätigkeit positiv beeinflusst werden. Letzteres ist unter einer langfristigen Perspektive besonders wichtig. Die wirtschaftliche Entwicklung einer Volkswirtschaft wird entscheidend von den Investitionen in nationale Produktionsstrukturen getrieben. Da heute und auch in der nahen Zukunft trotz der Internationalisierung der Kapitalmärkte Investitionen im wesentlichen durch die Binnenersparnis finanziert werden, wirkt das Ökobonusprinzip stimulierend auf die langfristige Entwicklung (siehe dazu STEPHAN et al. 1992).

4.3.2 Die Beseitigung verzerrender Steuern

Schon lange ist bekannt, dass direkte Steuern auf Arbeit und Kapital die Allokation dieser Produktionsfaktoren verzerren (siehe HARBERGER 1966). Generell sollten Faktoren nach ihrer Grenzproduktivität entlohnt werden. Wird diese Regel aber infolge von Besteuerung durchbrochen, verteuert sich die Arbeit, sinkt die Rentabilität von Investitionen und es entstehen Effizienzverluste. Entsprechend einsichtig ist, dass ein Abbau dieser Steuern Wohlfahrtsverzerrungen beseitigen würde und die Attraktivität eines Wirtschaftsstandortes langfristig erhöhen könnte.

In Abbildung 4.2 ist für zwei Regionen der Verlauf der Grenzproduktivität von Kapital nach Steuern[6] aufgezeigt. Herrscht vollständige interregionale Kapitalmobilität, wird Kapital langfristig so alloziert, bis nach Steuern die Verzinsung einer zusätzlichen Investition, das heisst die Nettokapitalproduktivität, in beiden Regionen übereinstimmt. In Abbildung 4.2 entspricht dies dem Schnittpunkt der Grenzproduktivitäten vor Steuersenkung. Kommt es nun unilateral in einer der beiden Regionen (Region 2) zu einer Steuersenkung, erhöht dies die (Netto)-Verzinsung von Investitionen in dieser Region. Kapital fliesst deshalb solange in die steuerlich günstigere Region, bis wiederum ein Ausgleich in der Nettoproduktivität von Kapital hergestellt ist. So gesehen müsste der teilweise Ersatz konventioneller Steuern durch Ökosteuern stimulierend auf die Entwicklung

---

[6] Salopp gesprochen ist dies die Nettorendite einer Investition.

durch Ökosteuern stimulierend auf die Entwicklung regionaler Volkswirtschaften wirken (siehe FULLERTON 1997).

In Ansätzen scheint die These vom positiven Wohlfahrtseffekt einer Ökosteuer durch empirische Untersuchungen bestätigt. KOMEN und PEERLINGS (1999) konnten für die Niederlande zeigen, dass eine geringe Steuer auf Energie und der damit mögliche Teilersatz des bestehenden Steuersystems zu einer doppelten Dividende führt. Interessant sind allerdings die Einschränkungen, unter denen KOMEN und PEERLINGS (1999) ihr Ergebnis ableiten. Die Steuer auf Energie muss nämlich so niedrig sein, dass die internationale Wettbewerbsfähigkeit der niederländischen Wirtschaft durch die Verteuerung von Energie nicht verschlechtert wird. Sie sollte aber dennoch hoch genug sein, um ein Aufkommen zu generieren, das erlaubt, Ineffizienzen des bestehenden Steuersystems spürbar zu beseitigen. Diese Einschränkungen relativieren die empirische Relevanz des Resultats stark.

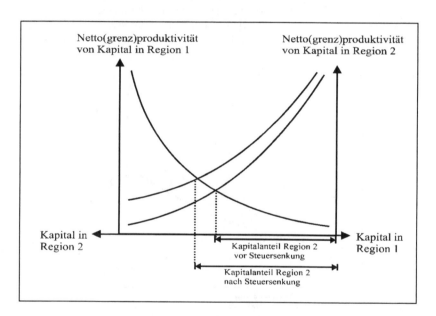

Abbildung 4.2 Harberger-Diagramm

Für die Bundesrepublik Deutschland sollten die Wirkungen einer Teilsubstitution von bestehenden Steuern durch Ökosteuern nicht überschätzt werden. Einerseits sind die Steuersätze auf Kapital ohnedies bereits relativ niedrig. Andererseits hat eine Senkung der Lohnsteuer keinen Einfluss auf den Nominallohn; also jenen Lohnsatz, den Unternehmungen ihren Mitarbeiterinnen zahlen. Entsprechend ist auch nur ein geringer Effekt auf das Beschäftigungsniveau zu erwarten. Mehr versprächen in diesem Zusammenhang Massnahmen, die zu einer Entkrustung des Arbeitsmarktes und dessen Dynamisierung beitrügen. Ein Blick über die Grenzen, zum Beispiel in die Schweiz, wäre in diesem Zusammenhang hilfreich. Trotz bescheidenem Wirtschaftswachstum konnte dort innerhalb von drei Jahren die Arbeitslosigkeit halbiert werden. Indirekt und deshalb nur langfristig könnten aber dennoch positive Auswirkungen zu beobachten sein. Da geringere Steuern zu höheren verfügbaren Einkommen führen, müsste dies wie bei einer Rückerstattung nach dem Ökobonussystem die Konsum- und Spartätigkeit erhöhen.

4.3.3 Senkung der Lohnnebenkosten

Die häufig gemachte Aussage, Arbeit sei zu teuer, muss differenzierend betrachtet werden. Sofern die Altersversorgung ganz oder teilweise auf dem Generationenvertrag basiert, solange Arbeitgeber die soziale Absicherung ihrer Arbeitnehmer mitfinanzieren, solange ist der vom Arbeitgeber zu zahlende Preis der Arbeit nicht nur durch den Nettolohn, sondern auch durch die Arbeitgeberbeiträge an die Sozialversicherung und die Altersversorgung bestimmt.

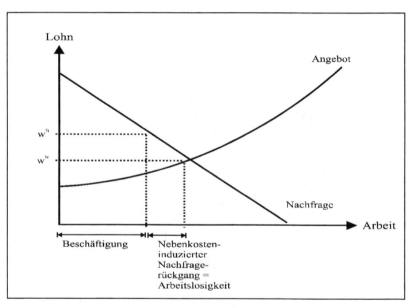

Abbildung 4.3 Beschäftigungseffekte durch Lohnnebenkosten

Im allgemeinen wird auch nicht behauptet, die eigentliche Entlohnung der Arbeitsleistungen sei zu hoch. Was Arbeit und damit den Wirtschaftsstandort so teuer macht, sind - wie eben erwähnt - neben institutionellen Regulierungen und mangelnder Flexibilität vor allem die Lohnnebenkosten, die mit einem hochentwickelten sozialen Sicherungssystem einhergehen. Denn die Lohnnebenkosten treiben eine Kluft zwischen den Lohnsatz, zu dem Arbeitswillige ihre Arbeit anbieten, und den Preis für Arbeit, wie er von den Unternehmen wahrgenommen wird. Dies bedingt selbst auf einem *neo-klassisch* funktionierenden Arbeitsmarkt eine Verzerrrung der Allokation und einen negativen Beschäftigungseffekt (siehe dazu auch KIRCHGÄSSNER et al. 1998).

In Abbildung 4.3 ist ein neo-klassischer Arbeitsmarkt unterstellt (für eine Erklärung siehe GAHLEN et al. 1996). Ohne verzerrende Steuern, ohne Lohnnebenkosten bildet sich auf diesem ein Nettolohnsatz w^N heraus, bei dem die angebotene Arbeitsmenge der nachgefragten entspricht. Müssen Arbeitgeber zusätzlich Lohnnebenkosten tragen, erhöht sich der von ihnen zu zahlende *Preis* der Arbeit zum Bruttolohn w^B, und dies bei unverändertem Nettolohnsatz. Da aber die Arbeitgeber ihre Arbeitsnachfrage nach dem Bruttolohn ausrichten, während sich die Arbeitswilligen nach dem Nettolohn richten, kommt es zu Arbeitslosigkeit.

Eine Reduktion der Lohnnebenkosten und eine Finanzierung der Sozial- und Altersversicherung durch Einnahmen aus Ökosteuern entlastet beide Tarifparteien, also die Arbeitnehmer wie die Arbeitgeber. Wird dieses Signal zudem als Bemühen verstanden, den Wirtschaftsraum langfristig attraktiver zu gestalten, sollte auch die Bereitschaft zunehmen, in den Wirtschaftsstandort zu investieren. Langfristig könnten so fast alle von einer Senkung der Lohnnebenkosten profitieren: die Unternehmungen und Kapitaleigner, weil die Standortkosten gesunken sind und Investitionen wieder mehr rentieren, der Staat, weil ein attraktiver Standort langfristig Steuern schafft, die Arbeitnehmer, weil ein, wenn auch geringer, so doch positiver Impuls auf die Beschäftigung ausgehen könnte.[7]

Allerdings kann – insbesondere im Hinblick auf politische Akzeptanz - nicht unerwähnt bleiben, dass eine ökologische Steuerreform mit dem Ziel, die Lohnnebenkosten zu senken, Auswirkungen auf die Einkommensverteilung hat. Nicht nur überwiegt der Belastungseffekt auf Seite der privaten Haushalte (vgl. AHLHEIM 2001). Auch innerhalb dieser Gruppe fällt die Belastung unterschiedlich aus. Am stärksten betroffen sind diejenigen, die von der Senkung der Lohnnebenkosten nicht direkt profitieren können, wie zum Beispiel Beamte oder Personen, die nicht oder nur in geringem Masse der Beitragspflicht für die Sozialversicherungen unterliegen. Ebenfalls überdurchschnittlich belastet sind vielköpfige Haushalte und Bewohner ländlicher Regionen, die schlecht an das öffentliche Verkehrsnetz angeschlossen sind (siehe BACH et al. 2001).

---

[7] Allerdings darf die ökologische Steuerreform nicht negativ auf das Wirtschaftswachstum, beziehungsweise die Arbeitsnachfrage wirken. Diese verschöbe sich sonst nach links unten, und der positive Effekt der Lohnnebenkostensenkung wäre zum Teil aufgefressen.

4.4 Zukunftsinvestitionen und Strukturwandel

Für die Schweiz wurde nachgewiesen, dass Ökosteuern auf fossile Energie erhebliche Veränderungen in der Wirtschaftsstruktur einer Volkswirtschaft auslösen können (siehe dazu STEPHAN und IMBODEN 1995, STEPHAN und PREVIDOLI 1997 oder KIRCHGÄSSNER et al. 1998). Zu den Gewinnern einer solchen Politik gehört der Dienstleistungsbereich, insbesondere der Banken- und Versicherungssektor aber auch die Nahrungsmittelindustrie sowie Teile der Maschinenbauindustrie. Zu den Verlierern zählen die energieintensiven Branchen, die Verstromer, die Zement- und die Chemische Industrie.

Diese Effekte sind nicht überraschend. Ökosteuern führen zu einer Ökologisierung der Volkswirtschaft und somit unausweichlich zu strukturellem Wandel. Natürlich kann man durch flankierende Massnahmen diese Effekte mittelfristig kompensieren und so den Betroffenen Zeit für Anpassungen schaffen. Langfristig lassen sich, ja sollen sich solche Effekte nicht vermeiden lassen, es sei denn, das politische Handeln ist bewusst gegen die Lenkungsziele einer ökologischen Steuerreform gerichtet.

Tatsächlich sollte eine Industrienation wie die Bundesrepublik Deutschland darauf bedacht sein, zukunftsfähig zu bleiben. Dazu gehören Anstrengungen, um die Flexibilität der Gesellschaft zu erhöhen, institutionelle Verkrustung abzubauen und komplexe, intransparente Strukturen zu vereinfachen. Dazu gehört auch, dem sich ausbreitenden Anspruchs- und Versorgungsdenken entgegen zu wirken und die Bereitschaft zu fördern, den Strukturwandel von einer Industrie- hin zu einer Dienstleistungs- und Informationsgesellschaft zu gestalten.

Notwendig ist insbesondere, Handlungsfähigkeit wieder zu gewinnen. Nicht zuletzt deshalb müssen die Staatsfinanzen saniert, die Staatsquote gesenkt, das bestehende Steuersystem reformiert und ein international konkurrenzfähiges, auf einen lebenslangen Lernprozess ausgerichtetes Bildungssystem aufgebaut werden. Denn nur ein Ausbildungssystem, das die wertvollste Ressource, die Menschen, fördert und Eliten bildet, kann langfristig die Innovations- und Erneuerungsfähigkeit einer Gesellschaft erhalten.

Innovationsfähigkeit ist ein wesentliches Element der Zukunftsfähigkeit eines Landes. Innovationen ermöglichen insbesondere, den Nutzen und die Kosten wirtschaftlicher Tätigkeit zu entkoppeln. So kann über geeignete Neuerungen der individuelle Nutzen von Mobilität erhalten oder gar erhöht und gleichzeitig deren soziale Kosten gesenkt werden. Innovationen fallen aber nicht vom Himmel oder entstehen im luftleeren Raum. Eingedenk historischer Erfahrungen mit staatlicher Technologiepolitik, des weit verbreiteten Misstrauens gegenüber staatlichen Eingriffen in die Wirtschaft scheint eine direkte, staatlich kontrollierte Innovationsförderung wenig erfolgversprechend. Dennoch ist der Staat in der Lage, Impulse zu setzen. Beispiele sind die Bildungspolitik, die Schaffung von Rahmenbedingungen, die Risiko- und Innovationsbereitschaft belohnen, oder eben preisliche Anreize. Wenn nämlich traditionelle Mobilitätsträger verteuert werden, öffnen sich Marktchancen für Alternativen. So entsteht automatisch ein Anreiz zur Einführung und Weiterentwicklung neuer Produkte, ohne staatlichen Zwang oder Kontrolle.

4.5 Nochmals: Bemessungsgrundlage und Arbeitsmarkt

Zusammenfassend lässt sich feststellen: Es gibt Anzeichen dafür, dass eine Besteuerung von Energie nicht nur positiv auf die Qualität der Umwelt, sondern auch auf den Wirtschaftsstandort Deutschland wirken kann. Entscheidend dafür ist, wie die Antworten auf die Fragen ausfallen: Wie und auf welche Grössen bezogen wird die Ökosteuer erhoben? Wie werden die Mittel aus einer Energie-Ökosteuer verwendet? Bleibt es beim nationalen Alleingang oder schliessen sich die übrigen Staaten der EU dieser Politik an?

Entgegen der vom WUPPERTAL-INSTITUT für Klima, Umwelt und Energie aggressiv vorgetragenen Botschaft, ist eine Ökosteuerreform kein Lösungspatent für die in der BRD herrschende Arbeitsmarktproblematik. Zwar finden WELCH (1996), BACH et al. (2001) und andere Autoren Indizien dafür, dass eine Besteuerung von Energie zur Entlastung der Umwelt und einer Mehrung des Wohlstandes beitragen kann. Eine Entspannung auf dem Arbeitsmarkt oder gar eine nachhaltige Lösung des Beschäftigungsproblems sieht er jedoch nicht. Zu sehr ist die Anpassungsfähigkeit der deutschen Wirtschaft durch institutionelle Regelungen behindert. Zu gering ist die Konsensfähigkeit der Tarifparteien, zu gross die Versuchung der Gewerkschaften, die Erholung des Arbeitsmarktes in Lohnforderungen zu überführen. Im Gegenteil, aus theoretischer Sicht kann die Lohninflexibilität der deutschen Arbeitsmärkte statt zu einer doppelten Dividende zu einem *doppelten Verlust* führen (siehe dazu ALBERT und MECKL 2001).

Auch könnte die Umwelt von Emissionen aus der Verbrennung fossiler Energieträger wesentlich kostengünstiger als über eine Energie-Ökosteuer entlastet werden. KHAZZOOM (1991) berechnet beispielsweise, dass ein *grams per gallon*-Standard denselben Reduktionseffekt wie eine Verteuerung von Treibstoffen auslösen kann, dabei aber nur ein Zehntel der Kosten verursacht.[8]

Was bleibt also von einer Ökosteuer zu erwarten? Sicherlich nicht eine messbare Entlastung der Umwelt oder gar eine deutliche Entspannung auf dem Arbeitsmarkt – zumindest nicht für die Dauer eines nationalen Alleingangs und bei moderaten Steuersätzen. Vielleicht aber, sofern die Ökosteuer als nicht umkehrbar glaubhaft ist:

- einen Abbau der indirekten Kosten der Arbeit und damit eine graduelle Verbesserung der Wettbewerbsfähigkeit des Industriestandortes Deutschland;

---

[8] Grams per gallon = (grams per mile)(miles per gallon). Bei einer Verbesserung der Energieeffizienz fallen die Emissionen selbst dann, wenn die Mobilität steigt (KHAZZOOM 1991:445).

- die Förderung des technischen Wandels, eine Beschleunigung des Strukturwandels von einer Industrie- zur Dienstleistungsgesellschaft sowie der Innovation von energieeffizienten Produkten, Produktions- und Verhaltensweisen;

- eine Umverteilung der Kosten des Standorts Deutschland zugunsten künftiger Generationen.

Genauer zu untersuchen, ob und in welchem Umfang diese Effekte eintreten, ist Gegenstand dieser Analyse.

5   Ökosteuern und Mobilität: einige Bemerkungen

Auswirkungen der bundesrepublikanischen Ökosteuerreform sind heute in erster Linie an der Zapfsäule abzulesen. Ob sie das individuelle Mobilitätsverhalten beeinflusst und zur Entlastung der Umwelt beiträgt, oder doch nur eine versteckte Form einer Steuererhöhung und ein Mittel zur Umverteilung ist, bleibt bislang unbeantwortet.

Klar dagegen ist, dass mögliche Effekte entscheidend davon abhängen, wie flexibel die Individuen in ihrer Nachfrage nach Mobilität auf Veränderungen von Preisen für Treib- und Betriebsstoffe reagieren. Klar ist auch, dass die Entscheidung des Einzelnen, ein Auto zu nutzen beziehungsweise in ein Auto zu investieren nicht nur von den Preisen für Kraftstoffe abhängt. Neben weiteren ökonomischen Faktoren wie dem Einkommen, der Fahrzeugsteuer, den Unterhaltskosten oder den Preisen für öffentliche Verkehrsmittel beeinflussen auch der Komfort, die Verfügbarkeit, das Image, der Zeitaufwand etc. entscheidend mit, welche Form von Mobilität mit welchem Mobilitätsträger gewählt wird.

5.1   Umweltbewusstsein und Mobilität

Umweltbewusstsein hingegen scheint das individuelle Mobilitätsverhalten kaum zu beeinflussen. Zwar beobachtete man in den letzten 20 Jahren eine Zunahme der Energieeffizienz und eine Abnahme des Schadstoffausstosses pro gefahrenen Kilometer, doch sind diese Effekte im wesentlichen auf gesetzgeberische Massnahmen und den technischen Fortschritt zurückzuführen. Auch die Tatsache, dass die jährliche Fahrleistung seit 1970 unverändert bei durchschnittlich 14'000 km pro Fahrzeug liegt, kann nicht als Indikator für einen bewussteren Umgang mit dem Auto interpretiert werden. Denn im selben Zeitraum ist der Bestand an PKW rasant gestiegen, und die Zahl derjenigen, die mehr als ein Auto besitzen, hat sich verdoppelt.

Im übrigen wird der eher geringe Einfluss von Umweltbewusstsein auf die Verkehrsmittelwahl durch empirische Studien bestätigt. DIEKMANN (1995) hat für den Nahverkehr in den Agglomerationen Bern und München nachgewiesen, dass bei der Wahl des Verkehrsmittels das Umweltbewusstsein nahezu ohne Bedeutung bleibt. Entscheidende Faktoren sind nach dieser Studie vielmehr die Verkehrsinfrastruktur, die Verfügbarkeit von Parkplätzen und der Zeitbedarf, um von einem Ort an einen anderen zu gelangen.

Aus ökonomischer Sicht ist dieses Ergebnis nicht überraschend, handelt es sich beim Strassenverkehr doch um ein typisches *Common Pool* Problem. Die Umwelteffekte, die ein einzelner Umsteiger erzielen kann, sind vernachlässigbar klein. Nur kollektives Handeln brächte die gewünschte Entlastung. Hingegen sind die Kosten, insbesondere die subjektiven Bequemlichkeits- und Zeitverluste bei einem Verzicht auf das Auto für den einzelnen hoch. Deshalb bestehen starke Anreize, sich als Trittbrettfahrer zu verhalten, solange nicht Mechanismen existieren, die Kosten von Umweltbelastungen zu internalisieren und kooperativ zur Verringerung von Umweltbelastungen beizutragen (siehe STEPHAN et al. 1994).

5.2 Preise und Mobilität

Dass freiwillige Kooperation bei einer grossen Zahl an Beteiligten zustande kommt, ist vor allem deshalb fraglich, weil die Kosten für die Koordination des individuellen Verhaltens und zur Überwachung von Absprachen für einen einzelnen zu hoch sind. Hingegen lässt sich kooperatives Verhalten durch direkte staatliche Eingriffe erzwingen. Zu diesen zählen zum Beispiel Fahrverbote, Geschwindigkeitsbegrenzungen oder das Bündel der sogenannten verkehrsberuhigenden Massnahmen. Allerdings sind direkte staatliche Eingriffe nur begrenzt einsetzbar und ihre Wirksamkeit nicht unbestritten. Zudem stehen sie in einem fast diametralen Gegensatz zum Bild einer demokratischen Gesellschaftsordnung, in der die Entscheidungssouveränität bei den Individuen liegt.

Koordinationsmechanismen, die den Individuen die Entscheidungskompetenz lassen, kooperatives Verhalten in grossen Gruppen erzeugen und gleichzeitig kosteneffizient sind, gibt es schon lange. Märkte und der auf ihnen wirkende Preismechanismus beweisen täglich ihre Funktionsfähigkeit in genau diesem Sinn.

Trotz immer wieder geäusserter Vorbehalte, ökonometrische Studien belegen, dass Preise Einfluss auf individuelle Mobilitätsentscheidungen nehmen (siehe dazu WENKE 1993). Insbesondere konnte nachgewiesen werden, dass der relative Verfall der Erdölpreise seit Beginn der achtziger Jahre die Individualisierung der Mobilität beschleunigt hat. Ebenso ist heute unbestritten, dass ein Zusammenhang zwischen Kraftstoffpreisen und dem Verbrauch besteht. Allerdings gilt auch, Preisänderungen allein können nicht die Erhöhung der Verbrauchseffizienz von Kraftfahrzeugen erklären. Hätte die in den USA zwischen 1975 und 1990 beobachtete Steigerung der Benzineffizienz um 47% allein durch Preise ausgelöst werden sollen, hätten diese im selben Zeitraum um 200% steigen müssen (ESPEY 1996). Damit stellt sich erneut die Frage: Beeinflusst eine Veränderung der Treibstoffpreise durch Ökosteuern das individuelle Mobilitätsverhalten? Wenn ja, wie sehen die Anpassungsreaktionen über die kurze, die mittlere und die lange Frist aus?

5.3 Kurz- und langfristige Anpassungsreaktionen

Aus ökonomischer Sicht weist das Problem der individuellen Mobilitätsentscheidung eine *Stock-Flow* Charakteristik auf. Konsumiert wird Bewegung im Raum; hiermit eine Dienstleistung, die unter Einsatz der dauerhaften Produktionsmittel Verkehrsinfrastruktur und Verkehrsträger bereitgestellt wird. Der Fahrzeugbestand und die Verkehrsinfrastruktur definieren Kapazitätsgrenzen, innerhalb derer die Dienstleistung Mobilität genutzt werden kann. Somit ist es bereits kurzfristig möglich, die Nachfrage nach Mobilität – in beschränktem Umfang – an veränderte Bedingungen anzupassen. Hingegen ist auf der Erstellungsseite von Mobilität und damit auf der Angebotsseite eine kurzfristige Anpassung nicht möglich. Es benötigt Zeit, neue Fahrzeuge am Markt durchzusetzen und alte Bestände abzubauen; ebenso wie es Zeit dauert, die bestehenden Infrastrukturen den veränderten Bedürfnissen anzugleichen.

Änderungen von Mineralölpreisen schlagen sich in den Betriebskosten der Mobilität nieder. Gleichzeitig besteht für Mobilität, die mit dem Automobil erzeugt wird, ein Zusammenhang zwischen dem eingesetzten Mobilitätsträger einerseits und den Kosten der Nutzung von Mobilität andererseits. Übersetzt in die Sprache der Ökonomie heisst das: Kurzfristig liegt eine komplementäre Beziehung zwischen Fahrzeug und Kraftstoffeinsatz vor. Langfristig hingegen sind Fahrzeuge und Kraftstoffe Substitute. Deshalb gibt es verschiedene Alternativen, sich auf individueller Ebene dieser Kostenänderung anzupassen.

Steigen die Kraftstoffpreise (relativ zu anderen Preisen), so kann der Verteuerung von Mobilität kurzfristig dadurch entgegengewirkt werden, dass die Nachfrage nach Mobilität mit dem PKW verringert wird; entweder durch Einschränkung und/oder durch Inanspruchnahme alternativer Verkehrsmittel. Weitere Möglichkeiten sind die Verringerung der Reisegeschwindigkeit oder die Verlagerung von Mobilitätsaktivitäten in Zeiten mit geringer Verkehrsdichte.

Langfristig hingegen sind Massnahmen wie eine Verringerung der Fahrleistung nicht die einzige Alternative. Durch Investitionen in energieeffizientere PKW können der Treibstoffverbrauch und damit die Kosten der Mobilität nachhaltig gesenkt werden. So könnten Preissteigerungen ohne Einschränkung der Mobilität langfristig kompensiert werden. Dies macht offensichtlich:

- Bei einer Analyse der Frage, wie Preisänderungen auf die individuelle Mobilität wirken, kann, ja muss zwischen dem Konsum von Mobilität einerseits und den Investitionen in ein Fahrzeug andererseits unterschieden werden.

- Änderungen von Kraftstoffpreisen ändern nicht sofort die Effizienz von Verkehrssystemen. Erst müssen entsprechende Investitionsentscheidungen getroffen und Infrastrukturen geschaffen werden.

Diese Möglichkeit, bei individuellen Entscheidungen zwischen dem Problem der Wahl eines Kraftfahrzeuges und seiner Nutzung trennen zu können, hat einen weiteren Aspekt. Die Reaktionen auf eine Erhöhung der Kraftstoffpreise fallen kurz- und mittelfristig anders aus als die Anpassung auf einen Preisverfall. Im allgemeinen führen Preiserhöhungen kurzfristig zu spürbaren Einschränkungen der Nachfrage nach individueller Mobilität, haben aber kaum einen Effekt auf die Fahrzeugbestände. Letzteres ist auf einen Hysteresis-Effekt zurückzuführen. Danach reagieren die Haushalte kurzfristig übertrieben; insbesondere dann, wenn sie vom Preisschock überrascht werden.

Umgekehrt gilt, einmal gefundene, energiesparende Technologien können nicht wegdiskutiert werden. Auch wäre es wegen der *sunk cost of investment* ökonomisch wenig sinnvoll, getätigte Innovationen wieder rückgängig zu machen (siehe STEPHAN 1995). Höchstens kann die Weiterentwicklung energiesparender Fahrzeuge und die weitere Verbreitung durch die schlechteren Marktchancen behindert werden. Daraus folgt, dass die Reaktionen auf einen Preisverfall wesentlich schwächer ausfallen als diejenigen auf eine Preiserhöhung.

5.3.1 Die Konsumentscheidung

Die Mobilitätsentscheidung eines Haushaltes besteht darin, bei einer gegebenen Verkehrsinfrastruktur und einer gegebenen Ausstattung an Mobilitätsträgern zu entscheiden, in welchem Umfang das Auto genutzt wird, um die individuellen Bedürfnisse nach Mobilität zu decken. Wie oben erwähnt, kann diese Nachfrage relativ kurzfristig auf Veränderungen von Betriebskosten reagieren. Neben den Preisen für Treibstoffe spielen dabei auch andere Faktoren eine entscheidende Rolle. Dazu gehören unter anderem der Zweck der Nutzung des Kraftfahrzeugs, die Verfügbarkeit anderer Verkehrssysteme oder die Tarife öffentlicher Verkehrsmittel.

Abbildung 5.1 veranschaulicht, wie sich die Fahrleistungen von PKW abhängig vom Nutzungszweck relativ zueinander entwickelt haben. Dabei zeigt sich ein deutlicher Anstieg des Gebrauchs von Personenwagen für Freizeitzwecke. Heute dient mehr als die Hälfte aller Fahrten der Verrichtung von Freizeitaktivitäten. Stark abgenommen haben Einkaufsfahrten, während die berufsbedingte Inanspruchnahme des Autos über die Zeit relativ konstant geblieben ist.

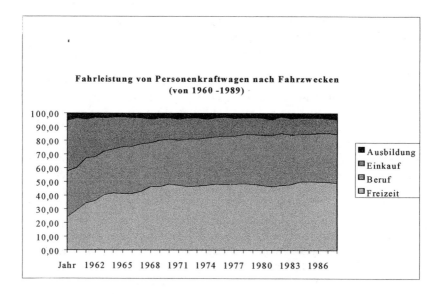

Abbildung 5.1 Zweck von Fahrten

Diese Aufgliederung ist von Bedeutung, weil die Reagibilität der Nutzung von Fahrzeugen vom Verwendungszweck abhängt. So konnte WENKE (1993) in einer ökonometrischen Untersuchung für Nordrhein-Westfalen zeigen, dass eine Erhöhung der Treibstoffpreise um 25% insgesamt zu einer Verringerung der Fahrleistungen mit dem PKW um 5% führt. Doch wird diese Reduktion auf sehr unterschiedliche Weise erreicht.

- Bei Berufs- und Einkaufsfahrten geschieht dies in der Regel durch Wechsel auf öffentliche Verkehrsmittel. Die Nachfrage nach Mobilität aus diesen Gründen selbst geht also kaum zurück.

- Bei der Freizeitmobilität findet eine solche Substitution nicht statt. Eine Erhöhung der Kraftstoffpreise schlägt sich in der Regel nicht nur in einem geringeren Gebrauch des PKW, sondern auch in einer generellen Abnahme solcher Aktivitäten nieder.

Übrigens entspricht das von WENKE (1993) ermittelte Ergebnis, dass eine 25%ige Preissteigerung zu einer 5%igen Reduktion der Fahrleistungen mit dem PKW führt, einer Preiselastizität von -0.2. Ähnliche Grössenordnungen wurden für die USA, Canada, Norwegen und Schweden von DAHL und STERNER (1992) ermittelt. Nach deren Untersuchungen liegt die Preiselastizität von Mobilität je nach Region zwischen -0.1 und -0.3; allerdings unter der Annahme, dass den Individuen nur kurzfristige Anpassungsmöglichkeiten zur Verfügung stehen.

Auch wenn die meisten Fahrten mit dem Auto dazu dienen, Freizeitbeschäftigungen nachzugehen, gibt es dennoch eine Mindestnachfrage nach Mobilität, sei es als Berufspendler, als Auszubildender oder für Einkaufsfahrten, die befriedigt werden muss.

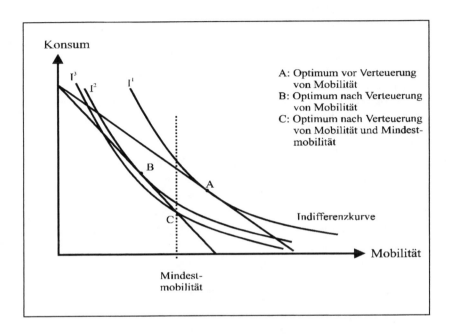

Abbildung 5.2 Wohlfahrtsverluste durch Mindestmobilität

Sind kostengünstige Alternativen nicht in entsprechendem Umfang verfügbar, führt eine Ökosteuer auf Treibstoffe zu individuellen Wohlfahrtsverlusten und Ineffizienz. Abbildung 5.2 illustriert diese Effekte. Ohne Kompensationsmassnahmen wirkt eine Erhöhung von Mobilitätskosten in jedem Fall wie eine Verringerung des verfügbaren Einkommens, was sich in Abbildung 5.2 als Drehung der Budgetgeraden nach links unten niederschlägt. Ohne weitere Beschränkungen würden die Haushalte eine für sie optimale Kombination aus Konsum und Mobilität unter der neuen Budgetrestriktion wählen. Besteht aber die Notwendigkeit zu Mindestmobilität, schränkt dies die Anpassungsfähigkeit der Haushalte so ein, dass ihnen nur ein ineffizienter Konsum von Mobilität offen steht. Dies bedingt zusätzliche Wohlfahrtsverluste, wie Abbildung 5.2 illustriert.

5.3.2 Die Investitionsentscheidung

Vor dem Konsum von Mobilität steht stets die Entscheidung, ob und in welche individuellen Verkehrsträger investiert werden soll. Personenwagen werden nicht
gekauft, um Treibstoff zu sparen. Autos werden gekauft, um Mobilität zu schaffen.
Daher ist die Kauf- und damit die Investitionsentscheidung in ein Kraftfahrzeug
von vielen Faktoren bestimmt.

Heute sind die Anschaffungskosten, der hauptsächliche Verwendungszweck, die
Grösse, der Komfort, die Sicherheit und die Fahrleistung eines PKW immer noch
die entscheidenden Faktoren einer Investitionsentscheidung. Der Kraftstoff-
verbrauch spielt hingegen nur eine untergeordnete Rolle. Die Verbraucher sind bei
den herrschenden Preisen für Treibstoffe offensichtlich nicht bereit, Merkmale wie
Sicherheit oder Fahrkomfort gegen Benzineinsparung einzutauschen. Mehr noch,
entgegen früherer Vermutungen konnte ESPEY (1996) in einer international ver-
gleichenden Studie nachweisen, dass Steuern die Kaufentscheidung wesentlich
stärker beeinflussen als die Benzinpreise.

Tabelle 5.1 Fahrzeugkosten

Fahrzeug	3L-Lupo	Lupo	Golf TDI	Golf
Hubraum/PS	1.2/61	1.4/75	1.9/90	1.6/100
Haftpflicht	1'635.00	1'336.00	1'966.00	1'434.00
Kraftstoffkosten (15'000 KM)	543.75	1'647.00	918.75	1'998.00
Unterhalt p.a.	3'728.78	4'574.95	4'921.43	4'859.60
Anschaffung	26'900.00	23'080.00	33'550.00	30'700.00

Eine mögliche Erklärung für das von ESPEY (1996) gefundene Ergebnis mag zum
einen darin liegen, dass die Kosten des Kraftstoffverbrauchs in der Regel weniger
als die Hälfte der jährlichen Betriebskosten ausmachen; zum anderen darin, dass
die Haushalte keine massiven Änderungen der Mineralölpreise erwarten. So gesehen verändert eine Ökosteuer, die schrittweise eingeführt wird, die Erwartungshal-
tung der Betroffenen. Sie müssen jetzt davon ausgehen, dass die Kraftstoffpreise
auch in Zukunft hoch sind oder sogar noch steigen werden. Angesichts der Fristig-
keit von Investitionsentscheidungen dürfte dies einen nicht vernachlässigbaren Effekt auslösen.

In welcher Weise werden Treibstoffpreise die individuellen Investitionsent-scheidungen in ein Kraftfahrzeug beeinflussen? Nach Informationen der VOLKSWAGEN AG (siehe Tabelle 5.1) können die Mehrkosten, die bei der An-schaffung und dem Unterhalt eines Drei-Liter-Lupo im Vergleich zu einem norma-len Lupo entstehen, durch Einsparungen von Benzinkosten innerhalb von acht Jah-ren amortisiert werden.

Interessant in diesem Zusammenhang ist auch: Müssten die jährlichen Mehrkos-ten von ca. DM 1'100, die durch Nutzung eines normalen Lupo im Vergleich zum 3L-Lupo entstehen, über ein Kapitaldeckungsverfahren finanziert werden, so müss-te bei einem Zinssatz von 5% heute ein Kapital von DM 22'000 bereitgestellt wer-den. Oder anders formuliert: Bei einem Zinssatz von 5% erwirtschaftet ein Sparka-pital von DM 22'000 einen jährlichen Zinsertrag von gerade DM 1'100 vor Steuern. Ökonomisch rational Handelnde sollten diese Überlegung bei ihrer Entscheidung berücksichtigen. Gemäss den Prinzipien der ökonomischen Opportunitätskosten-rechnung müssen sie dieses Kapital dem Kaufpreis zuschlagen, womit der 3L-Lupo selbst bei den heutigen Treibstoffpreisen einen wesentlich niedrigeren *tat-sächlichen* Kaufpreis als ein konventioneller Lupo aufweist.

5.4 Stellenwert der Untersuchung

Welchen Wert hat eine Untersuchung, die Auswirkungen einer Verteuerung von Energie und Kraftstoffen auf eine Volkswirtschaft im allgemeinen und die indivi-duelle Mobilität im besonderen analysieren will, wenn doch klar zu sein scheint, dass Mobilitätsentscheidungen nur geringfügig durch Kraftstoffpreise beeinflusst werden? Nach unserem Dafürhalten gibt es mindestens zwei Gründe:

* Erstens soll, transparent und reproduzierbar, eine Analyse von Ursache-Wirkungszusammenhängen ausgeführt werden.

Schliesslich wird die Ökosteuerreform von einem Teil der politisch Verantwortli-chen als Innovation bezeichnet, von der mindestens zwei positive Effekte ausge-hen. Eine Wenn-dann-Analyse, deren Voraussetzungen und Annahmen klar festge-legt sind und die logisch konsistent Effekte simuliert, hilft, solche Aussagen zu überprüfen. So ist es auch möglich mit Mythen und Vorstellungen aufräumen zu können.

* Zweitens gewinnen ökonomische Rationalität und Kraftstoffpreise zunehmend an Bedeutung bei individuellen Entscheidungen.

Wenn Menschen handeln, sind sie in der Regel nicht in der Lage, alle relevanten Informationen und Aspekte vollständig in ihre Entscheidung einzubeziehen. Häu-fig gehen sie heuristisch vor und bilden intuitiv eine Hierarchie der Argumente. Heute stehen Kraftstoffpreise bei Mobilitätsentscheidungen verständlicherweise nicht auf der obersten Stufe der eine Entscheidung beeinflussenden Faktoren. Die durch sie bestimmten Kosten sind zu niedrig. Wie Tabelle 5.3 zeigt, sind sie sogar geringer als die Haftpflicht! Dies mag sich in Zukunft ändern. Einerseits ist zu beobachten, dass Konsumenten ihre Handlungen stärker als früher an Prinzipien der ökonomischen Rationalität ausrichten. Und andererseits erhöht eine stete Verteuerung von Treibstoffen deren Gewicht bei Entscheidungen.

II:

Ökosteuern, Mobilität und Wirtschaft:

der theoretische Ansatz

Im folgenden entwickeln wir ein Dynamisches Berechenbares Allgemeines Gleich-gewichtsmodell für die Bundesrepublik Deutschland, um systematisch, vollständig und logisch konsistent die Auswirkungen der ökologischen Steuerreform auf die deutsche Volkswirtschaft im allgemeinen und die Mobilität im speziellen qualifizie-ren beziehungsweise quantifizieren zu können. Andere Ansätze der angewandten Wirtschaftsforschung dagegen erscheinen uns weniger geeignet, die Frage zu be-antworten, ob, und falls ja, wie steuerinduzierte Energiepreisänderungen auf die deutsche Volkswirtschaft wirken. Partialanalysen zum Beispiel, die entweder nur den Verkehrs- und Energiesektor oder nur die Automobilindustrie erfassen, sind of-fensichtlich untauglich, da sie die Wechselbeziehungen mit den anderen Bereichen einer Volkswirtschaft nicht erfassen. Ebenso sind Input-Output Studien wenig zweckmäßig, wenn es gilt, die Effekte einer energiebasierten Ökosteuer numerisch zu evaluieren. Sie ermöglichen nicht, Strukturänderungen oder Verteilungseffekte zu analysieren (siehe auch UMWELT-BUNDESAMT 1999). Letzteres ist von be-sonderer Bedeutung. Denn eine umfassende Analyse darf nicht nur auf direkte und indirekte Allokationseffekte beschränkt bleiben, sondern muss auch die Auswir-kungen auf die Entstehung und Verteilung von Einkommen erfassen.

6   Grundanforderungen an das theoretische Modell

Moderne Volkswirtschaften sind durch ein hohes Mass an komplexer Interdepen-denz gekennzeichnet. Energie, Verkehrs- und Transportdienstleistungen werden bei nahezu jeder wirtschaftlichen Tätigkeit direkt oder indirekt eingesetzt – unab-hängig davon, ob es sich dabei um industrielle Produktion handelt oder darum, in-dividuelle Bedürfnisse zu befriedigen. Entsprechend betrifft eine Verteuerung von Energie nicht nur den Energie- beziehungsweise Verkehrssektor, sondern hat Auswirkungen auf alle Bereiche einer modernen Volkswirtschaft.

6.1   Welche Aspekte müssen erfasst sein?

Ohne Zweifel müssen an erster Stelle die

• gesamtwirtschaftlichen Effekte

einer Ökosteuer analysiert werden. Dabei genügt es nicht, sich nur auf makroöko-nomische Grössen wie das Bruttoinlandprodukt (BIP) oder das Beschäftigungsni-veau zu konzentrieren. Je nach Branche, Einkommensgruppe oder Rückerstat-tungsmodus werden die wirtschaftlichen Auswirkungen einer Ökosteuerreform unterschiedlich ausfallen. Um über makroökonomische Kenngrössen hinaus Ein-sichten in die mikroökonomische Struktur und deren zeitliche Veränderung erar-beiten zu können, ist es somit notwendig,

- den Produktionsbereich einer Volkswirtschaft in einzelne Wirtschaftssektoren, die Haushaltsseite in Konsumentengruppen zu disaggregieren.

Zwischen ökonomischen Entscheidungsträgern zu unterscheiden und die Auswirkungen einer Ökosteuer auf die Ebene von Branchen und Bevölkerungsgruppen zu beziehen, ist aus einem weiteren Grund wichtig. Energie- und umweltpolitische Eingriffe betreffen direkt und indirekt die Entstehung und Verteilung von Vermögen und Einkommen. Und sie beeinflussen die Rentabilität der Produktion sowie die Kosten des Arbeitsplatzes von Wirtschaftszweig zu Wirtschaftszweig in unterschiedlicher Weise. Dies ist durch die unterschiedliche Energieintensität der Branchen, aber auch durch den vom Gesetzgeber vorgesehenen Verwendungsmodus der Einnahmen aus einer Ökosteuer bedingt.

Wie die Einnahmen aus einer Ökosteuer verwendet werden, tangiert nicht nur das verfügbare Einkommen der Haushalte. Es kann auch gezielt zur Belebung des Arbeitsmarktes eingesetzt werden (vgl. Kapitel 4). Deshalb sollten neben den Verteilungseffekten auch die

- Arbeitsmärkte explizit modelliert werden.

Wie schon in Kapitel 5 bemerkt, verändert die Verteuerung oder Verbilligung von Kraftstoffen nicht nur das Angebot an und die Nachfrage nach Transportdienstleistungen, sondern auch das individuelle Mobilitätsverhalten. Da Individuen aus sehr verschiedenen Motiven Mobilität nachfragen und je nach Grund unterschiedlich auf Preisänderungen reagieren, muss die Analyse

- ein Modell individuellen Mobilitätsverhaltens beinhalten.

Primäres Ziel einer Ökosteuer sollte nicht sein, über zusätzliche Steuern Einnahmen zu generieren. Ziel sollte sein, über Preissignale die langfristige Entwicklung einer Volkswirtschaft zu beeinflussen. Dabei steht hinter einer Ökosteuerreform die Absicht, über eine Erhöhung der Preise für Energie die traditionellen, energieintensiven Produktions- und Konsumweisen so zu verteuern, dass im Gegenzug Alternativen betriebswirtschaftlich attraktiv werden. Will man überprüfen, inwieweit diese Lenkungswirkung eintritt, müssen abgebildet werden:

- Innovationspotentiale, sowie

- kurz- und langfristige Anpassungsmöglichkeiten an veränderte Rahmenbedingungen.

Anpassungen an sich ändernde Rahmenbedingungen benötigen Zeit. Innovationen müssen reifen, neue Produkte erst in den Markt vordringen und sich dort behaupten. Bestehende Strukturen müssen abgelöst und neue aufgebaut werden. Dies kann in der Übergangsphase soziale und wirtschaftliche Friktionen aufwerfen. Für eine umfassende Würdigung des Nutzens und der Lasten einer ökologischen Steuerreform gilt es daher Anpassungsprozesse zu erfassen. Dies wiederum erfordert die Verwendung eines

- dynamischen Modellansatzes.

Spätestens jetzt wird ein entscheidender Unterschied zu anderen empirischen Studien deutlich, die sich zum Ziel gesetzt haben, die Effekte einer Energiebesteuerung zu analysieren. Die Mehrzahl dieser Arbeiten (stellvertretend seien hier BÖHRINGER et al. 2001a bzw. BÖHRINGER et al. 2001b genannt) verwendet einen statischen Ansatz. Damit ist ausgeschlossen, die Anpassungsphase zu analysieren, die auf eine Reform folgt, wenn sie wie im Fall der deutschen Ökosteuerreform in Schritten vollzogen wird.

6.2 Auf welchen Prinzipien basiert die Modellierung?

Empirische Untersuchungen werden entscheidend von drei Elementen der Modellierung geprägt: vom Grundverständnis über die Funktionsweise einer Volkswirtschaft, von der Art und Weise, wie die in der Realität gegebene Komplexität reduziert und als Interaktion wesentlicher Grössen erfasst wird, und schliesslich davon, welche Daten wie aufbereitet in die Modellierung einfliessen.

Methodisch basieren allgemeine Gleichgewichtsmodelle auf drei zentralen Prinzipien der ökonomischen Theorie (siehe STEPHAN und AHLHEIM 1996):

- Wirtschaftssubjekte handeln rational und versuchen, die verfügbaren Informationen und Handlungspotentiale bestmöglich zu nutzen.

- Kleine Änderungen haben nur geringe Auswirkungen. Würden nämlich Eingriffe in eine Volkswirtschaft massive und nicht prognostizierbare Auswirkungen zeitigen, wären Umwelt- und Wirtschaftspolitik reines Glücksspiel.

- Wirtschaftssubjekte reagieren auf Preissignale. Das bedeutet, sie versuchen, einer Änderung von Relativpreisen durch Substitution der verteuerten Güter und Ausschöpfung von Alternativen entgegen zu steuern.

Wie sich energie- und umweltpolitisch motivierte Eingriffe auf die individuelle Mobilität zum ersten, den Verbrauch an Energie und die Belastung der Umwelt zum zweiten, sowie die Entwicklung einer Volkswirtschaft und ihre Innovationsfähigkeit zum dritten auswirken, hängt aus volkswirtschaftlicher Sicht also davon ab, welche Informationen zur Verfügung stehen, wie Wirtschaftssubjekte Erwartungen bilden und wie sie auf Veränderungen reagieren können. Ihre Anpassungsfähigkeit und Substitutionsmöglichkeiten werden dabei von technologischen Bedingungen, den individuellen Handlungsspielräumen aber auch durch die institutionellen und strukturellen Rahmenbedingungen einer Volkswirtschaft geprägt. Für das Mobilitätsproblem heisst dies unter anderem: Je höher das verfügbare Einkommen ist, desto leichter fällt es, steigende Mobilitätskosten zu kompensieren; je besser das öffentliche Verkehrssystem ausgebaut ist, desto eher kann einer Verteuerung des Individualverkehrs durch Nutzung dieses Netzes begegnet werden.

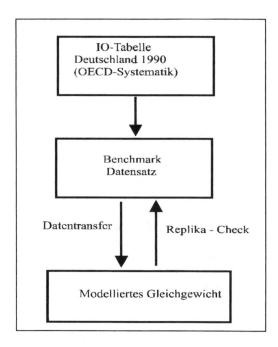

Abbildung 6.1 Schema des Analyseverlaufs

Abbildung 6.1 schematisiert, wie die zur Verfügung stehenden empirischen Daten aufgearbeitet und in das theoretische Modell integriert werden. Datengrundlage bildet die Input-Output-Tabelle der Bundesrepublik Deutschland für das Jahr 1990. Auf der Produktionsseite wird zwischen 32 Sektoren aus den Bereichen industrielle Produktion, Dienstleistungen, Energie, Fahrzeugbau sowie gewerbliche Transporte unterschieden. Auf der Nachfrageseite werden die Konsumnachfrage, die Investitionen, Exporte sowie Lagerbestandsänderungen getrennt betrachtet (vgl. dazu Kapitel 7).

Jeder Sektor produziert ein für ihn *charakteristisches* Gut und setzt dazu neben den Vorleistungen aus den Produktionssektoren die Faktoren Kapital und Arbeit ein. Ausnahmen bilden die Sektoren Fahrzeugbau. Dort können neben Schienenfahrzeugen auch zwei Typen von PKW hergestellt werden: kraftstoffsparende

PKW zum einen, Standard PKW zum anderen. Entsprechend ist es möglich, zur Befriedigung der Nachfrage nach Mobilität und Transportdienstleistungen neben schienengebundenen und weiteren Verkehrsträgern mehr oder weniger umweltfreundliche Strassenfahrzeuge einzusetzen. Im Hinblick auf unsere zentrale Fragestellung, ob eine Verteuerung von Individualmobilität durch eine Ökosteuer Innovationen und Umweltentlastungen auslöst, ist dies ein wesentlicher Aspekt.

Wir unterscheiden zwei Klassen von privaten Haushalten[9]: Junge, die noch berufstätig sind und ältere, die bereits aus dem Berufsleben ausgeschieden sind. Diese Einteilung ergibt sich aus drei Überlegungen. Erstens werden die Einnahmen aus der bundesrepublikanischen Ökosteuerreform dazu verwendet, die Lohnnebenkosten zu senken. Die Einkommenskategorien, Rentner - Nicht-Rentner, sind somit unterschiedlich betroffen beziehungsweise belastet. Zweitens bestehen zwischen diesen beiden Nachfragegruppen erhebliche Unterschiede in ihrem Mobilitätsverhalten. Schliesslich betreffen potentielle Auswirkungen der Ökosteuerreform auf den Arbeitsmarkt nur den berufstätigen Teil der Bevölkerung.

Die aus der Input-Output-Tabelle der Bundesrepublik Deutschland und weiteren Literaturquellen entnommenen Daten werden so aufgearbeitet, dass sie mit der eben aufgezeichneten Grundstruktur logisch und empirisch konsistent sind. Dieser Prozess führt zum Benchmark-Datensatz (siehe Abbildung 6.1). Logische Konsistenz zur gleichgewichtstheoretischen Modellierung und empirische Übereinstimmung mit den Ausgangsdaten werden in einem sogenannten Replika-Check überprüft. Dabei geht es im wesentlichen darum, die gegebene Ausgangssituation mit dem theoretisch und empirisch spezifizierten Modell zu reproduzieren. (Für eine Erklärung der Art und Weise, wie Daten aufgearbeitet und konsistent in eine Gleichgewichtsmodellierung integriert werden können, siehe zum Beispiel SHOVEN und WHALLEY 1992.)

6.3 Wie wird die zeitliche Entwicklung erfasst?

Entscheidungen bestimmen nicht nur die Gegenwart, sondern beeinflussen auch die künftigen Handlungsspielräume. Für die Entwicklung von Volkswirtschaften wäre es daher *optimal*, wenn die Wirtschaftssubjekte rationale, das heisst korrekte Erwartungen über die Zukunft hätten. Dann wären sie in der Lage, alle künftigen Entwicklungen vollständig und fehlerfrei zu antizipieren und könnten ihre ökonomischen Entscheidungen entsprechend abstimmen.

Woher bezögen die Wirtschaftssubjekte aber diese Informationen? Eine zentrale Funktion von Märkten ist die Informationsvermittlung. Preise koordinieren nicht nur Angebot und Nachfrage, sondern signalisieren gleichzeitig (relative) Knappheit und Bedürfnisse (siehe STEPHAN 1995). Deshalb ist die Annahme, Wirtschaftssubjekte hätten rationale Erwartungen, äquivalent zur Voraussetzung,

---

[9] Bei der Analyse der Auswirkungen von Ökosteuern auf den Arbeitsmarkt wird eine weitergehende Disaggregation vollzogen (siehe Teil IV).

eine Wirtschaft sei so organisiert, dass alle Güter und Dienstleistungen auf Zukunftsmärkten gehandelt werden.[10] Die dort gebildeten Preise übermitteln dann die ökonomisch relevanten Informationen über die Zukunft.

Man macht sich leicht klar, wie schwierig, wenn nicht sogar unmöglich es ist, ein solches Marktsystem, das Unsicherheit völlig ausblendet, zu errichten und seine Funktionsweise zu gewährleisten. Die Transaktionskosten wären nahezu prohibitiv hoch. Und es bestünde die Gefahr, dass Wirtschaftssubjekte Kontrakte schlössen in der Absicht, diese nie zu erfüllen. Man spricht in diesem Fall von *moral hazard* (siehe dazu BERNHOLZ und BREYER 1993). Was in der Realität jedoch vorgefunden wird, ist eine Kombination von Spotmärkten und einigen wenigen, zeitlich nicht weit reichenden Zukunftsmärkten in Form von Kombinationen aus Kredit-, Versicherungs- und Terminmärkten.

In der Realität können Wirtschaftssubjekte zukünftige Pläne also nicht vollständig koordinieren. In einem mikroökonomischen Modell ist es daher logisch konsequent anzunehmen, die Wirtschaftssubjekte folgen einer kurzsichtigen, aber adaptiven Entscheidungsregel. Das heisst:

- Unternehmungen fällen ihre Produktionsentscheidungen Periode für Periode jeweils auf der Basis der Informationen, die ihnen in der entsprechenden Periode zugänglich sind.

- Konsumenten handeln im Bewusstsein, dass sich ihre Unsicherheit auflöst, wenn die Zeit weiterschreitet. Sie versuchen daher, Entscheidungen so offen wie möglich zu halten und sich erst im letztmöglichen Zeitpunkt festzulegen.

Neu ist diese Idee nicht, hat aber einen wesentlichen Einfluss darauf, wie das Investitionsverhalten in Fahrzeugbestände abzubilden ist. Einen ähnlichen Vorschlag hat schon KOOPMANS (1960) durch folgendes Beispiel illustriert: Wenn jemand vorhat, abends Essen zu gehen, dann legt er nicht schon morgens gleichzeitig das Restaurant und das Menü fest. Vielmehr entscheidet er sich am Morgen nur für das Lokal und dann am Abend vor Ort, was er zu essen gedenkt.

Für unsere Fragestellungen drängt sich diese Form der Modellierung in natürlicher Weise auf. In Kapitel 5 haben wir herausgearbeitet, dass es prinzipiell möglich ist, die Entscheidung, in einen Mobilitätsträger zu investieren, zu trennen von der Entscheidung, Mobilität zu konsumieren. Folglich unterstellen wir, dass die

---

[10] Auf Märkten finden üblicherweise simultan zwei Aktionen statt: (1) die Aushandlung eines Kontraktes, was meist implizit geschieht und wodurch Preise sowie Mengen festgelegt werden, (2) die Ausführung des Kontraktes. Im Gegensatz zu den sogenannten Spotmärkten sind auf Zukunftsmärkten diese beiden Aktionen zeitlich getrennt. Heute wird der Kontrakt ausgehandelt. Durchgeführt wird er später zu einem festgelegten Zeitpunkt. Beispiele für Zukunftsmärkte sind die Warenterminmärkte, Kapitalversicherungsverträge oder verschiedene Formen privater Altersversorgung.

Spar-/Investitionsentscheidungen der Wirtschaftssubjekte nicht unmittelbar die künftige Produktion und den zukünftigen Konsum bestimmen, sondern nur, welche Mittel den Individuen später für ihre wirtschaftlichen Aktivitäten zur Verfügung stehen werden.

Ohne umwelt- oder energiepolitische Eingriffe entwickelt sich eine Volkswirtschaft, wie in Abbildung 6.2 gezeigt, als Folge von temporären Gleichgewichten (eine ausführliche Diskussion findet sich in STEPHAN 1995). Vereinfacht gesprochen heisst dies, dass die Entwicklung einer Volkswirtschaft etwa in folgender Weise abläuft: Zu Beginn einer Periode – diese beträgt in unserem Fall ein Jahr – legen die Wirtschaftssubjekte ihre laufenden Produktions- und Konsumpläne fest. Gleichzeitig bestimmen sie unter der Annahme, die von ihnen beobachteten Preise werden in etwa auch in der Zukunft gelten, ihre Investitionsvorhaben und Spareinlagen. Investitionen und Ersparnisse verändern die Kapitalgüterbestände, mit denen in den nächsten Perioden gewirtschaftet werden kann und beeinflussen so die wirtschaftliche Entwicklung.

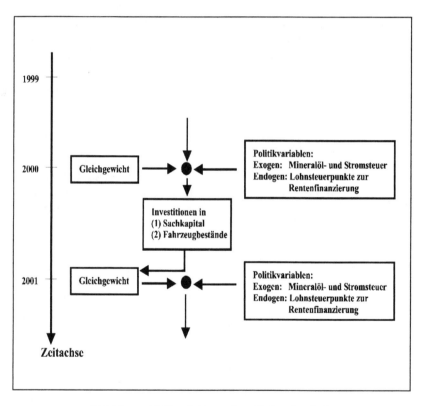

Abbildung 6.2 Entwicklung einer Volkswirtschaft

Umwelt- und energiepolitische Massnahmen verändern die Rahmenbedingungen und Preise. Wirtschaftssubjekte nehmen diese Signale wahr und versuchen darauf zu reagieren. Kurzfristig geht dies nur durch Anpassung des Konsumverhaltens. Langfristig hingegen kann in Alternativen investiert werden und so das ökonomische System an die neuen Bedingungen angepasst werden.

7 Der theoretische Ansatz

Es ist offensichtlich, dass die Kosten, die einer Gesellschaft aus umwelt- und/oder energiepolitischen Eingriffen erwachsen, von ihrer Anpassungsflexibilität abhängen. Dies korrekt abzubilden, ist eine Herausforderung an die Kunst der Modellierung, die sich kaum aus Lehrbüchern erlernen lässt

Im folgenden skizzieren wir unsere Modellierung. Eine vollständige Version ist auf Anfrage bei den Autoren erhältlich. Kernstück eines jeden empirischen Gleichgewichtsmodells ist ein Benchmark-Datensatz (siehe MANSUR und WHALLEY 1984). Dieses numerische Abbild einer Volkswirtschaft muss konsistent zur theoretischen Konzeption der Allgemeinen Gleichgewichtstheorie sein und erlauben, den Daten eine mikrotheoretisch fundierte Interpretation des Produktions- und Konsumverhaltens zu unterlegen. Üblicherweise werden hierzu Input-Output-Tabellen verwendet. In unserem Fall ist dies die Input-Output-Tabelle der Bundesrepublik Deutschland von 1990 (OECD 1995).

7.1 Die Produktionsseite

Insgesamt werden 33 Sektoren unterschieden. Neben der Elektrizitätswirtschaft, der Erzeugung und Verteilung von Mineralölprodukten sowie dem gewerblichen Transport auf Strasse und Schiene sind dies 28 weitere, nicht-energetische Produktions- und Dienstleistungssektoren (siehe Tabelle 7.1).

Tabelle 7.1 Sektoren der deutschen Wirtschaft

SEKTOREN	SEKTOREN
Landwirtschaft	Werften
Bergbau	Fahrzeugbau
Nahrungsmittel	Flugzeuge
Textilien, Bekleidung	Ausrüstung
Holzprodukte und Möbel	Sonstige Fabrikate
Papier, Pappe und Druckereierzeugnisse	Elektrizität, Gas und Wasser
Chemische Industrie	Baugewerbe
Mineralölprodukte	Gross- und Einzelhandel
Gummi und Kunststoffprodukte	Gastgewerbe
Nichtmetallische Mineralprodukte	Gewerblicher Strassenverkehr
Eisen und Stahl	Gewerblicher Nicht-Strassenverkehr
Nicht Eisen-Metalle	Telekommunikation
Metallerzeugnisse	Banken und Versicherungen
Nichtelektrotechnische Geräte	Immobilien, Geschäftsdienstleistungen
Büromaschinen und Computer	Sozialdienste
Elektrotechnische Erzeugnisse	Staatliche Dienstleistungen
	Sonstiges

Dem Benchmark-Datensatz eine mikrotheoretische Interpretation des Produktionsverhaltens zu unterlegen, bedeutet anzunehmen (siehe dazu GINSBURGH und KEYZER 1997):

• Die einzelnen Sektoren verhalten sich bei ihren Produktions- und Investitionsentscheidungen als preisnehmende Gewinnmaximierer.

• Die technischen Gegebenheiten der Produktion lassen sich durch hierarchisch strukturierte, neo-klassische Produktionsfunktionen erfassen.

Wir sind uns bewusst, dass diese Annahmen die Aussagekraft der Ergebnisse limitieren. Denn einerseits herrscht auf vielen Märkten keine vollständige Konkurrenz, so dass Preisnehmerverhalten nur als grobe Approximation an die Realität bezeichnet werden kann. Und andererseits können konventionelle Produktionsfunktionen die langfristigen und kurzfristigen Substitutions- beziehungsweise Energieeinsparungspotentiale nur rudimentär wiederspiegeln. Jedoch gilt zu bedenken, dass anwendungsbezogenes Arbeiten stets einen Kompromiss darstellt zwischen dem, was theoretisch und empirisch wünschbar ist, und dem, was die verfügbaren Daten sowie die numerischen Lösungsmethoden erlauben.

Wir modellieren die Produktion von Gütern und Dienstleistungen und die Bereitstellung von Energie in einer Weise, die sich in der empirisch-orientierten Literatur mehrfach bewährt hat (siehe beispielsweise STEPHAN und IMBODEN

48

1995). Mit Ausnahme der Sektoren Fahrzeugbau und Mineralölprodukte stellt jeder Sektor ein für ihn charakteristisches Gut her. Als Produktionsfaktoren werden neben Kapital und Arbeit Vorleistungen aus den übrigen Sektoren und Importe eingesetzt. Die technisch determinierten Produktionsmöglichkeiten sind durch genestete Produktionsfunktionen umschrieben; die unterschiedlichen Substitutionsmöglichkeiten zwischen den verschiedenen Inputs durch Leontief-, CES- und Cobb-Douglas Formulierungen ausgedrückt.

Abbildung 7.2 illustriert für einen beliebigen Sektor die prinzipielle Vernetzung von Faktoren auf den unterschiedlichen Hierarchiestufen der Produktion. Die Werte für die Substitutionselastizitäten auf den verschiedenen Hierarchiestufen der Produktion sind der Literatur entnommen. Dabei sind die Substitutionsmöglichkeiten zwischen Importen und inländischen Vorleistungen durch eine Cobb-Douglas Modellierung umschrieben, während die Substitutionselastizität von Transportdienstleistungen und anderen Inputs auf 0.5 gesetzt ist. Bei einer 100%igen Verteuerung von Transport geht dessen Input in die Produktion somit auf Grund von Substitution um 50% zurück.

Den Energieverbrauch und die Inanspruchnahme von strassengebundenen Transportdienstleistungen durch entsprechenden Verzicht auf Produktion und Konsum zu verringern, ist technisch einfach, politisch dagegen nur schwer zu realisieren. Deshalb ist es wichtig zu erfassen, wie der Einsatz dieser Faktoren reduziert werden kann, ohne die Produktion von Gütern und Dienstleistungen selbst zu verringern. Prinzipiell gibt es hierzu verschiedene Möglichkeiten: durch Einsatz von nicht-strassengebundenen Transportsystemen und/oder über den Ersatz von fossilen Brennstoffen durch Strom zum einen, sowie durch eine Steigerung der Energieeffizienz und Innovation weniger energieintensiver Verfahren zum anderen.

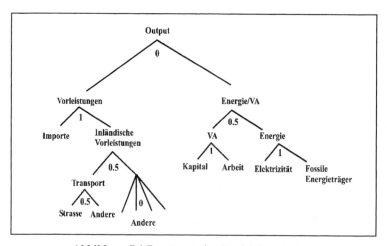

Abbildung 7.1 Repräsentative Produktionsstruktur

Beide Möglichkeiten sind im Modell berücksichtigt, wie anhand von Abbildung 7.1 deutlich wird.

- Auf der untersten Ebene der Produktion kann zwischen Strom und dem Aggregat an fossilen Energieträgern auf der einen, sowie zwischen gewerblichem Transport auf Schiene und Wasser beziehungsweise Strasse auf der anderen Seite substituiert werden.

Technisch ist es relativ einfach, in der Produktion zur Energiegewinnung fossile Energie durch Strom zu ersetzen. Deshalb ist die Substitutionselastizität relativ hoch. Schwieriger ist dagegen, den Gütertransport der Strasse auf Schiene oder Wasser zu verlagern. Entsprechend ist die Substitutionselastizität gleich 0.5 gesetzt.

- Die Energieeffizienz der Produktion kann generell gesteigert werden, indem Inputs aus dem Energieaggregat durch Inputs aus dem Aggregat Wertschöpfung ersetzt werden, das selbst aus Kapital und Arbeit hervorgeht.

Während die Substitution zwischen den verschiedenen Energieträgern meist relativ kurzfristig realisierbar ist, fällt es in der Regel schwerer, den Energieverbrauch durch eine Erhöhung der Energieeffizienz zu verringern. Der Energieeinsatz hängt entscheidend von der Art und Ausstattung an Kapitalgütern ab. Änderungen im outputspezifischen Energieverbrauch setzen daher Umrüstungen in der Produktion und den Kapitalgüterbeständen voraus. Innovation und strukturelle Änderungen beanspruchen aber Zeit. Kurzfristig müssen Kapital und Energie somit als komplementär betrachtet werden. Langfristig können aber durch neue, energieeffizientere Kapitalbestände Effizienzsteigerungen realisiert werden.

7.2 Die Nachfrageseite

Die gegenwärtige Qualität des Mikrozensus und der Verbraucherstichproben erlaubt nicht, die bundesrepublikanischen Haushalte tief disaggregiert zu erfassen. Wir haben uns daher dazu entschlossen, an dieser Stelle nur zwei Kategorien von privaten Haushalten zu erfassen: Berufstätige zum einen, aus dem Berufsleben Ausgeschiedene zum anderen.

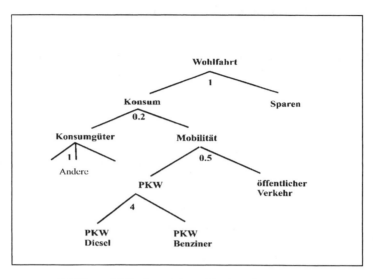

Abbildung 7.2 Präferenzhierarchie der privaten Haushalte

Diese Einteilung drängt sich unmittelbar auf. Erstens wird in der Bundesrepublik Deutschland das Aufkommen aus der Ökosteuer benutzt, um die Belastung der Unternehmungen und Arbeitnehmer durch den Generationenvertrag zu reduzieren. Die Auswirkungen der Ökosteuer treffen somit die beiden Bevölkerungsgruppen unterschiedlich.

Zweitens wird Mobilität aus verschiedenen Gründen nachgefragt und reagiert je nach Bestimmungsgrund unterschiedlich auf eine Verteuerung (siehe Kapitel 5). Hauptzweck individueller Mobilität ist die Ausübung von Freizeitaktivitäten. An zweiter Stelle folgt mit grossem Abstand die berufsbedingte Mobilität. Freizeitmobilität kann im Gegensatz zur Berufsmobilität relativ leicht reduziert werden, um so die Kostensteigerung durch Ökosteuern auf Energie zu kompensieren. Wiederum ergeben sich daraus deutliche Unterschiede für die beiden Bevölkerungsgruppen.

Bei den uns zugänglichen Daten empfiehlt es sich, die Präferenzen der Haushalte durch genestete Nutzenfunktionen abzubilden (siehe dazu GINSBURGH und KEYZER 1997). Wie Abbildung 7.2 verdeutlicht, ist auf der oberen Stufe erfasst, wie ein nutzenmaximierender Konsument in jeder Periode sein Einkommen aufteilt zwischen Konsum und Sparen. Letzteres bedeutet übrigens Investieren in neue Kapitalbestände, wie aus unseren Ausführungen in Abschnitt 6.3 folgt. Auf der unteren Stufe sind die Präferenzen für die einzelnen Konsumgütergruppen auf der einen und die Nachfrage nach individueller Mobilität auf der anderen Seite in einer CES-Modellierung abgebildet.

Die Bezeichnung Mobilität sollte an dieser Stelle nicht falsch interpretiert werden. Unter Mobilität ist hier ausschliesslich die private Nachfrage nach Freizeitmobilität verstanden. Empirische Untersuchungen zeigen (vgl. Kapitel 5), dass eine Erhöhung der Kosten für individuelle Mobilität bei Freizeitaktivitäten (kurzfristig) zu einer Verringerung des Konsums führen kann. Freizeitmobilität ist somit durch andere Formen der Bedürfnisbefriedigung substituierbar. Allerdings sind diese Möglichkeiten beschränkt. Empirische Untersuchungen belegen, dass die entsprechende Substitutionselastizität nur etwa 0.2 beträgt (siehe ESPEY 1996). Bei der Berufsmobilität ist die Substitutionselastizität gar Null, denn sie muss komplementär zur Beschäftigung gesehen werden (siehe Abbildung 7.2).

7.3 Mobilitätsträger und deren Veränderung

Individuen können in verschiedener Weise auf eine Verteuerung von Mobilität reagieren. Sie können die Nachfrage nach Mobilität reduzieren, beziehungsweise im Rahmen der bestehenden Infrastruktur auf öffentliche Verkehrsmittel ausweichen oder sie können versuchen, treibstoffeffizientere Fahrzeuge zu nutzen. Allerdings gilt: Während die erste Strategie bereits kurzfristig realisierbar ist, kann die zweite erst in Betracht gezogen werden, wenn entsprechende Fahrzeugtypen zur Nutzung bereitstehen.

Diese Asymmetrie zwischen kurz- und langfristigen Anpassungsstrategien erlaubt eine Entkopplung der Entscheidung in ein neues Fahrzeug zu investieren, von der Entscheidung, Mobilität zu konsumieren. Dabei befinden sich die Haushalte quasi in der Rolle einer gespaltenen Persönlichkeit. Auf der einen Seite sind sie Eigentümer des Mobilitätsträgers PKW. Als solcher fällen sie die Investitionsentscheide und bieten die Dienstleistung Mobilität an. Auf der anderen Seite sind sie Konsumenten von Mobilität und fragen diese Dienstleistung von sich selbst nach.

Modelltechnisch wird diese Situation durch einen Kniff aufgelöst. Dazu führen wir einen fiktiven Mobilitätssektor ein. Dieser besitzt die Ausstattung an privaten und öffentlichen Verkehrsträgern und bietet deren Dienstleistungen den privaten Haushalten kostendeckend an. Mobilität kann dabei entweder über öffentliche Verkehrsträger oder zwei Typen an privaten Kraftfahrzeugen erzeugt werden: einem Standard PKW, worunter ein GOLF 1.6 verstanden ist, und ein energieeffizientes Fahrzeug, das im wesentlichen einem GOLF DIESEL TDI entspricht.

Zusammengefasst gilt also: Die kurzfristige Anpassung an Preisänderungen durch Haushalte besteht somit darin, entsprechend der vorgegebenen Kapazitäten die Dienstleistung individuelle Mobilität nachzufragen. Hingegen können mittel- bis langfristige Anpassungsmöglichkeiten nur über Neuanschaffungen erschlossen werden und sind somit durch das Investitionsverhalten mitbestimmt.

52

7.3.1 Die Anpassung des privaten Fahrzeugbestands

Um Investitionen in den privaten Fahrzeugbestand und die daraus resultierende Veränderung seiner Zusammensetzung zu modellieren, gehen wir davon aus, dass die Entscheidung, ob in umweltfreundliche Fahrzeuge investiert wird oder nicht, Ergebnis einer einfachen Opportunitätskostenbetrachtung ist. Das heisst:

- Ohne Änderungen der Energiepreise teilt sich das gesamte Produktionsvolumen des Sektors Fahrzeugbau entsprechend den Anteilen der Fahrzeugtypen im Referenzjahr.

- In benzinsparende Fahrzeuge wird bei steigendem Benzinpreis investiert – vorausgesetzt, die erwarteten Einsparungen an Betriebskosten decken den Mehraufwand an Investitionskosten.

Für private Investitionen in energiesparende PKW gilt somit die Regel:

$$(7.1) \qquad \Sigma_{t=1,\dots,10}\, p_E(v_T - v_B)1.05^{-t} = C'(I^B).$$

p_E ist der Marktpreis für Treibstoffe nach einer Änderung. v_B bedeutet den jährlichen Durchschnittsverbrauch eines umweltfreundlichen Fahrzeuges. Entsprechend ist v_T der Durchschnittsverbrauch eines weniger benzinsparenden PKW und $C'(I^B)$ sind die Grenzkosten einer Investition I^B in benzinsparende Fahrzeuge.

In umweltfreundliche Fahrzeuge wird nach (7.1) stets dann investiert, wenn die über zehn Jahre erwartete, mit fünf Prozent abdiskontierte Einsparung an Benzinkosten, $\Sigma^{10}_t\, p_E(v_T - v_B)1.05^{-t}$, den Investitionen in eine umweltfreundlichere Einheit entspricht. Dies bedeutet aber keineswegs, dass Erstbesitzer ein Fahrzeug tatsächlich über zehn Jahre nutzen. Es ist bekannt, dass die Nutzungsdauer durch Erstbesitzer in der Regel zwischen vier und fünf Jahren liegt (siehe ANDERSON 1985). Funktionieren die Gebrauchtwagenmärkte, so schlägt sich die bessere Treibstoffeffizienz jedoch im Preis des Gebrauchtwagens nieder, weshalb diese Annahme unbedenklich ist.

Die Investitionskosten $C(I^B)$ in umweltfreundliche Fahrzeuge sind durch zwei Faktoren bestimmt: die vom Fahrzeugpreis p_B und dem Investitionsvolumen I^B abhängigen direkten Investitionskosten, $\alpha^B p_B I^B$, zum ersten, sowie den Umrüstungs- beziehungsweise Einführungskosten, $\beta(I^B - cK^B)/K^B$, zum zweiten. Für Investitionen in private, benzinsparende PKW unterstellen wir damit die Formel:

$$(7.2) \qquad C(I^B) = \alpha^B p_B I^B + \beta(I^B - cK^B)/K^B.$$

Anpassungskosten beziehungsweise Einführungskosten für neue Fahrzeugtypen fallen dabei sowohl auf der Seite der Produzenten und Vertreiber als auch auf der Konsumentenseite an und hängen vom Marktanteil der neuen Verkehrsträger ab.

7.3.2 Anpassung der Kapazitäten im öffentlichen Verkehr

Entsprechende Überlegungen wenden wir auf den Sektor öffentlicher Verkehr an. Sei der Index O für die öffentlichen Verkehrsträger, so umschreiben

(7.3) $\Sigma_{t=1,\ldots,10}\, p_E(v_T - v_O)1.05^{-t} = C'(I^O),$

(7.4) $C(I^O) = \alpha^O p_B I^O + \beta(I^O - cK^O)/K^O$

die von Preisänderungen und damit den relativen Unterschieden in den Betriebskosten ausgelösten Investitionen in öffentliche Verkehrsträger. Die Interpretation dieser Formeln steht in vollständiger Analogie zu (7.1) und (7.2). Im übrigen gilt: Sollte nicht das gesamte Produktionsvolumen des Sektors Fahrzeugbau in Form von umweltfreundlichen Fahrzeugen oder zum Ausbau des öffentlichen Verkehrs verwendet werden, wird der Rest in Form von alten Fahrzeugtypen auf dem Markt angeboten.

7.4 Der Aussenhandel

Zur Modellierung des Aussenhandels werden zwei, in der Literatur bekannte Ansätze kombiniert: eine einfache Schliessregel (closure-rule) zum ersten, und Erfassung von Energieimporten zu Weltmarktpreisen zum zweiten (für einen Blick in die Literatur siehe wiederum SHOVEN und WHALLEY 1992, sowie MANNE und RICHELS 1992).

Die Projektion über die Entwicklung der Weltmarktpreise für fossile Brennstoffe haben wir einer Studie von PROGNOS (1996) entnommen und durch entsprechende Umrechnungen an unser Modell angepasst. Damit ist berücksichtigt, dass die deutsche Volkswirtschaft zu wenig Gewicht besitzt, um über ihre Binnenmarktnachfrage nach fossiler Energie deren Weltmarktpreise signifikant beeinflussen zu können.

Die closure-rule zur Modellierung des Aussenhandels basiert auf zwei Ideen. Zum einen sollte der Aussenhandelssaldo periodenweise ausgeglichen sein, also müssen nicht-energetische Exporte und Importe periodenweise im Gleichgewicht sein. Zum anderen muss sichergestellt sein, dass von den Gütern, die durch energiepolitische Eingriffe relativ verteuert werden, auch weniger exportiert wird. Beiden Anforderungen wird über die Konstruktion einer Exportfunktion Rechnung getragen, die ein fiktives Exportgut aus Exporten produziert, wobei der Wert des Exportgutes dem der Importe periodenweise entspricht. Gleichzeitig wird so die *Armington-Regel* erfüllt, wonach Importe und im Inland produzierte Güter keine vollständigen Substitute sind.[11]

---

[11] Dies entspricht übrigens der grundlegenden mikroökonomischen Einsicht, dass Güter neben ihren physischen Eigenschaften auch nach dem Ort ihres Ursprungs zu unterscheiden sind.

7.5 Der Arbeitsmarkt

Schon früh hat die von Ökonomen entwickelte Idee (siehe dazu BINSWANGER et al. 1983), die Steuerlast einer Volkswirtschaft vom Faktor Arbeit auf Energie zu verlagern, Eingang in die politische Diskussion gefunden. Mit den Schlagwörtern: *Energie statt Arbeit besteuern*, haben die Befürworter einer ökologischen Steuerreform suggeriert, zwei zu Beginn der neunziger Jahre im öffentlichen Bewusstsein als drängend angesehene Probleme simultan lösen zu können: die Sanierung der Umwelt zum einen, sowie die Verringerung der Arbeitslosigkeit zum anderen. Für eine seriöse Analyse der in der Bundesrepublik Deutschland realisierten Ökosteuerreform ist daher unerlässlich, der Modellierung von Arbeitsmärkten im Rahmen unseres Berechenbaren Gleichgewichtsmodells besondere Aufmerksamkeit zu widmen (vgl. auch Abschnitt 6.1).

Dass wir im Plural von Arbeitsmärkten sprechen, statt den Singular zu verwenden, ist Absicht. Einerseits entwickeln wir verschiedene Möglichkeiten, den Arbeitsmarkt in berechenbare Gleichgewichtsansätze zu integrieren. Zum anderen lösen wir die Fiktion auf, Arbeit verhalte sich wie ein homogenes Gut, das auf einem einzigen Markt gehandelt werde. Im Gegenteil, wir behaupten, Arbeit könne und müsse nach Qualifikationskriterien klassifiziert werden und Arbeitslosigkeit treffe die verschiedenen Typen von Arbeit in sehr unterschiedlichem Mass.

7.5.1 Modellvariante I: der neo-klassische Arbeitsmarkt

In der Bundesrepublik Deutschland sind die Arbeitsmärkte weit davon entfernt, den Bedingungen eines perfekten Marktes zu genügen. Wäre dies nämlich der Fall, gäbe es in Deutschland keine *unfreiwillige* Arbeitslosigkeit. Der Preismechanismus, die unsichtbare Hand, sorgte stets dafür, dass sich zwischen dem Angebot an Arbeit auf der einen und der Nachfrage nach Arbeit auf der anderen Seite ein Gleichgewicht einstellte. Das heisst, es bildeten sich Lohnsätze so aus, dass alle, die zu diesen Löhnen arbeiten wollen, auch eine Beschäftigung fänden.

Obwohl die reale Arbeitsmarktsituation in der Bundesrepublik Deutschland also keineswegs durch Abwesenheit unfreiwilliger Arbeitslosigkeit charakterisiert ist, unterstellen wir in Modellvariante I einen neo-klassischen Arbeitsmarkt (siehe Teil III). Das bedeutet, Angebot an und Nachfrage nach Arbeit werden über den *Lohn-Preis-Mechanismus* perfekt koordiniert. Diese Modellierungsvariante dient als Referenzfall und illustriert, wie sich eine Ökosteuerreform auf die deutsche Volkswirtschaft auswirkte, funktionierten die Arbeitsmärkte friktionslos. Sie entspricht übrigens auch der Art und Weise, wie in Allgemeinen Gleichgewichtsmodellen üblicherweise Märkte und somit auch Arbeitsmärkte modelliert sind (siehe dazu GINSBURGH und KEYZER 1997).

Perfekte Koordination auf den Arbeitsmärkten heisst aber nicht, alle potentiell Erwerbsfähigen gingen auch einer Beschäftigung nach. Vielmehr bliebe es die Entscheidungssouveränität der Einzelnen, ob sie zum *gleichgewichtigen* Lohn ihre Arbeitskraft auf dem Arbeitsmarkt anböten oder nicht. Es wird immer eine Reihe von Mitgliedern einer Gesellschaft geben, die nicht bereit sind, zu den herrschenden Löhnen ihre Arbeitskraft zu verkaufen. Diese sind dann *freiwillig* arbeitslos.

7.5.2 Modellvariante II: Friktionen auf dem Arbeitsmarkt

Von *unfreiwilliger* Arbeitslosigkeit sprechen wir, wenn bei den herrschenden Löhnen das Angebot an Arbeitsplätzen nicht ausreicht, allen einen Arbeitsplatz anzubieten, die zu diesen Löhnen arbeiten wollen. Es handelt sich somit um eine typische *Ungleichgewichtssituation*. Der Preismechanismus erfüllt seine Koordinationsfunktion nicht. Das Spiel von Angebot und Nachfrage ist gestört. Es kommt nicht zur Markträumung. Vielmehr verbleibt ein Angebotsüberschuss an Arbeit, was sich in unfreiwilliger Arbeitslosigkeit äussert.

Aus ökonomischer Sicht stellt freiwillige Arbeitslosigkeit kein wesentliches Problem dar. *Unfreiwillige* Arbeitslosigkeit dagegen schon. Unfreiwillige Arbeitslosigkeit führt nicht nur zu teilweise erheblichen sozialen und ökonomischen Lasten bei den Betroffenen. Unfreiwillige Arbeitslosigkeit bedingt auch Effizienz- und Wohlfahrtsverluste. Entsprechend konzentrieren wir in Teil IV unsere Aufmerksamkeit auf Modellvariante II, womit die Auswirkungen der Ökosteuerreform unter der realistischen Annahme untersucht wird, in der Bundesrepublik herrsche unfreiwillige Arbeitslosigkeit. Übrigens sind wir erst unter dieser Prämisse in der Lage, die Hypothese einer doppelten Dividende der Ökosteuerreform zu überprüfen.

III:

Ökosteuern, Mobilität und Wirtschaft:

Wachstum, Strukturwandel und Mobilität

Wie einst Alexanders Schwert den Gordischen Knoten durchschnitt, soll heute die ökologische Steuerreform mit einem Schlag dazu beitragen, den Wohlstand zu mehren, das Wachstum zu fördern, Innovation und Erneuerung überkommener Strukturen zu beschleunigen, Arbeit zu schaffen und Umweltqualität zu sichern. Wie Wirtschaftswachstum, Mobilität und Strukturwandel tatsächlich von der Ökosteuer beeinflusst werden, überprüfen wir an hand numerischer Simulationen. Um die Effekte sauber identifizieren zu können, blenden wir die Arbeitslosenproblematik noch aus. Erst in Teil IV greifen wir diesen Aspekt auf.

8 Fragen und Vorgehensweise

- Wie beeinflusst eine Verteuerung von Treibstoffen die individuelle Mobilität?

- Machen Ökosteuern umweltfreundlichere Fahrzeuge konkurrenzfähig oder verlängern die jetzt höheren Betriebskosten die Nutzungsdauer der Altfahrzeuge?

- Wie beeinflusst die ökologische Steuerreform die wirtschaftliche Entwicklung?

- Tangiert die Ökosteuerreform die Wirtschaftskraft einzelner Sektoren?

- Beschleunigt die Ökosteuerreform den strukturellen Wandel der deutschen Volkswirtschaft und die Innovation neuer, energiesparender Technologien?

Um diese Fragen zu beantworten, simulieren wir zunächst die Entwicklung der deutschen Volkswirtschaft ohne Energiepreisänderungen für den Zeitraum 1999 bis 2009. Mit diesem *Referenzpfad* werden alternativ jene Entwicklungen verglichen, die sich bei Energiepreisänderungen unter sonst identischen Bedingungen ergäben, und so die Auswirkungen energiepolitischer Eingriffe als Abweichungen vom Referenzpfad identifiziert. Insgesamt werden drei Politikszenarien evaluiert:

- die beschlossene, zum Teil bereits umgesetzte Ökosteuerreform (Kapitel 9),

- eine Verdoppelung des Benzinpreises aufgrund einer einmaligen und dauerhaften Anhebung der Mineralölsteuer (Kapitel 10), sowie

- eine Halbierung des Mineralölpreises (Kapitel 11).

Dabei geht es nicht darum, die Effekte der Ökosteuerreform auf den Cent genau zu quantifizieren. Vielmehr soll - transparent und nachvollziehbar - Licht in das komplexe Ursache-Wirkungsgeflecht gebracht werden, das die Anpassung der Wirtschaft an den Politikeingriff *Energiepreiserhöhung* charakterisiert.

9 Die Ökosteuerreform

9.1 Die Elemente der Reform

Ziel der ökologischen Steuerreform ist, den Energieverbrauch von der wirtschaftlichen Entwicklung zu entkoppeln. Ziel ist aber auch, den Wirtschaftsstandort Deutschland weniger als bisher durch Lohnnebenkosten zu belasten. Deshalb wird das Aufkommen aus der Ökosteuerreform der Rentenfinanzierung zugeführt, und die Lohnnebenkosten im Gegenzug entsprechend reduziert. Langfristig sollen so die Beiträge zur gesetzlichen Altersversorgung um 2.4% sinken.

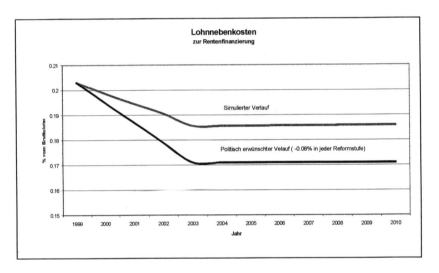

Abbildung 9.1 Geplante und simulierte Entlastung

Geplant ist die Ökosteuerreform in fünf Stufen. Die erste wurde im April 1999 realisiert. Dadurch stieg die Mineralölsteuer für private Nutzer und das produzierende Gewerbe um 6 Pfg./Liter. Die Steuer auf Heizöl wurde um 4 Pfg./Liter erhöht, wobei produzierenden Betrieben ein Nachlass von 80% gewährt wird. Elektrische Energie wurde steuerbedingt um 2 Pfg./kWh teurer. Auch in diesem Fall beträgt der Nachlass für das produzierende Gewerbe 80%. Zu Beginn von 2000, 2001, 2002 sowie 2003 werden beziehungsweise wurden die Steuersätze weiter gesteigert. Für Mineralöle beträgt das jährliche Steuerplus 6 Pfg./Liter, Strom wird um 0.5 Pfg./kWh teurer. Die bereits genannten Steuernachlässe für das produzierende Gewerbe gelten auch bei diesen Stufen.

Im Gegensatz zur Ankündigung der Bundesregierung zeigen unsere Berechnungen (siehe Abbildung 9.1), dass die geplante Reduktion der Beiträge zur Altersversorgung von 2.4% aller Wahrscheinlichkeit nach nicht erreicht wird. Der Grund, warum unsere Berechnungen von der offiziellen Prognose abweichen, dürfte bei der verwendeten Methode liegen. Unser Ansatz erfasst systematisch alle Rückkopplungs- und Anpassungseffekte. Die daraus resultierende Steuererosion muss zu einem kleineren Steueraufkommen führen.

9.2 Die gesamtwirtschaftlichen Auswirkungen

Trotz berechtigter Kritik, das Bruttoinlandprodukt (BIP) ist immer noch die zentrale Kenngrösse für den wirtschaftlichen Erfolg eines Landes. Es erfasst die Gesamtheit aller im Inland entstandenen wirtschaftlichen Leistungen eines Jahres.

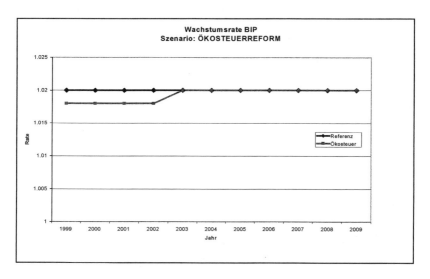

Abbildung 9.2 Entwicklung des Bruttoinlandprodukts

Wie Abbildung 9.2 zeigt, sind die Unterschiede im BIP-Wachstum mit und ohne ökologische Steuerreform vernachlässigbar. Lediglich in der Einführungsphase 1999 - 2003 bewirkt die Ökosteuerreform eine leichte Abschwächung des Wirtschaftswachstums. Um korrekt zu sein muss man aber darauf hinweisen, dass die Differenzen unterhalb üblicher Fehlergrenzen liegen, und das von uns errechnete jährliche Wirtschaftswachstum von durchschnittlich zwei Prozent mit den bekannten Prognosen übereinstimmt.

9.3 Die Aufteilung zwischen Arbeits- und Kapitaleinkommen

Wenn sich in hochaggregierten Makrodaten keine nennenswerten Unterschiede finden lassen, kann daraus nicht geschlossen werden, dass die Verteilung von Einkommen oder die Mikrostruktur einer Volkswirtschaft ebenfalls unverändert geblieben sind. Betrachten wir deshalb, wie die Ökosteuerreform auf die Einkommensverteilung wirkt.

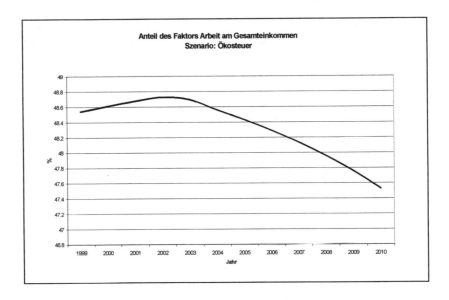

Abbildung 9.3 Anteil des Arbeitseinkommens am Volkseinkommen

Aus Abbildung 9.3 geht hervor, dass eine Besteuerung von Energie den Anteil des Arbeitseinkommens am Volkseinkommen verringert. Wurden 1999 noch 48.5% des Volkseinkommens durch Arbeit erzielt, fällt dieser Anteil durch die Ökosteuerreform langfristig um fast einen Prozentpunkt. Auch wenn dieser Effekt gering ist, gilt doch, dass die Schere zwischen denjenigen, die am Produktivkapital der deutschen Volkswirtschaft profitieren, und jenen zunimmt, denen die Möglichkeit nicht gegeben ist, Einkommen aus selbständiger oder unternehmerischer Tätigkeit zu erzielen.

Wie erwähnt, wählen wir die Entwicklung Deutschlands ohne energiepolitischen Eingriff als Referenz, und drücken die Effekte der Ökosteuerreform auf die jeweiligen Sektoren in prozentualen Abweichungen der sektoralen Bruttoproduktionswerte vom Referenzwert aus (siehe die Abbildungen 9.4a bis 9.4c).

9.4 Die Auswirkungen auf die Wirtschaftsstruktur

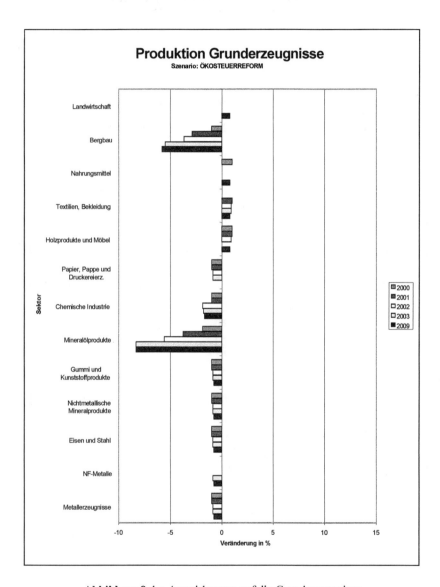

Abbildung 9.4 a Auswirkungen auf die Grunderzeugnisse

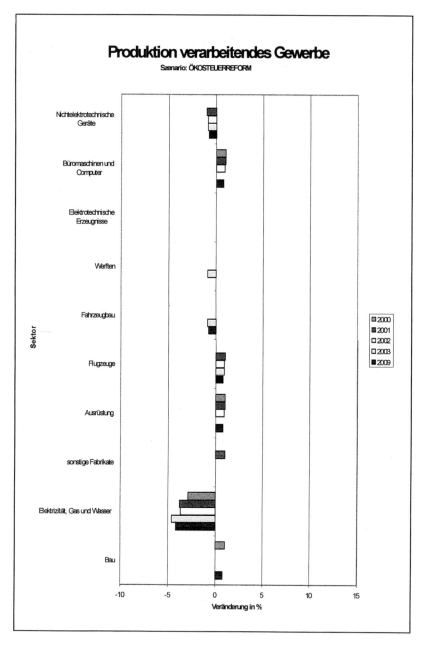

Abbildung 9.4 b Auswirkungen auf das verarbeitende Gewerbe

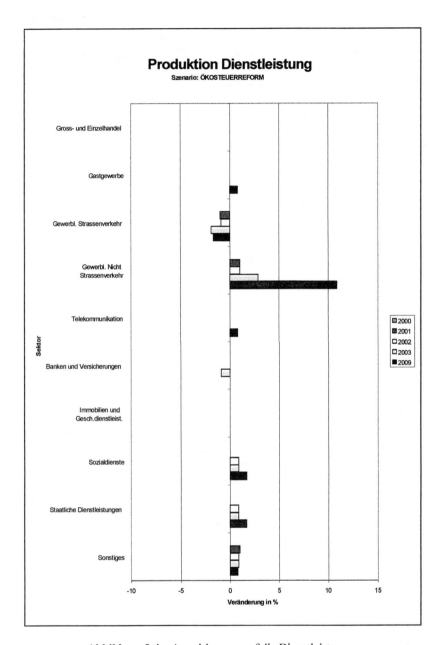

Abbildung 9.4 c Auswirkungen auf die Dienstleistungen

Wie die Abbildungen 9.4a bis 9.4c für die Einführungsphase 2000, 2001, 2002, 2003 und zusätzlich das Jahr 2009 zeigen, gibt es Gewinner und Verlierer. Die traditionellen Industriebranchen, die Energiesektoren, der gewerbliche Strassenverkehr und die Automobilindustrie gehören zu den Verlieren unter der ökologischen Steuerreform. Der Dienstleistungsbereich, die Informationsverarbeitungs- und -übermittlungsbranche sind ebenso Gewinner wie der gewerbliche nichtstrassengebundene Transport und Teile der Konsumgüterindustrie. Allerdings gilt auch hier, dass die Effekte gering sind. Sie dürften in der Realität von Konjunkturschwankungen überdeckt sein. Und es gibt eine Reihe von Branchen, die von der Ökosteuerreform überhaupt nicht signifikant tangiert werden.

9.5 Die Arbeitsplatzwanderungen

Verändert sich die sektorale Struktur einer Wirtschaft, verlagert sich die wirtschaftliche Bedeutung zwischen den Branchen, so muss dies Auswirkungen auf die Arbeitsmärkte nach sich ziehen. Obwohl in diesem Teil der Arbeit eine Ökonomie mit Vollbeschäftigung[12] unterstellt ist und wir somit nicht in der Lage sind, Beschäftigungseffekte der Ökosteuerreform auszuweisen, ist dennoch interessant, die Wanderung von Beschäftigung zwischen Sektoren zu untersuchen.

Zu erwarten sind zwei Effekte. Zum einen steigen aufgrund der Ökosteuer die Produktionskosten in energie- und verkehrsintensiven Branchen, was dort prinzipiell zu einem Beschäftigungsrückgang führen müsste. Zum anderen begünstigen sinkende Lohnnebenkosten arbeitsintensive Sektoren. Am Beispiel der chemischen Industrie wird deutlich, dass sich beide Effekte in etwa die Waage halten können. Die Herstellung industrieller Chemikalien ist energie- und verkehrsintensiver als im Durchschnitt, was eigentlich ein Nachteil unter der Ökosteuerreform ist. Dem entgegen steht ein im Vergleich zu anderen Branchen deutlich höherer Anteil der Arbeitskosten an der Wertschöpfung, womit die chemische Produktion überproportional von der Senkung der Lohnnebenkosten profitieren kann. In der Summe ist im Sektor Chemie kein Arbeitsplatzeffekt erkennbar.

Wie die Abbildungen 9.5a bis 9.5c aufzeigen, sind der Abbau beziehungsweise die Schaffung neuer Arbeitsplätze nahezu vollständig auf die Entwicklung der einzelnen Wirtschaftsbranchen synchronisiert. Dies bedeutet insbesondere, Beschäftigung auf dem bisherigen Niveau kann nur gehalten werden, wenn Arbeitnehmer bereit und fähig sind , nicht nur den Arbeitsplatz sondern auch die Art der Beschäftigung und die Branche zu wechseln.

---

[12] Diese Annahme wird in Teil IV aufgehoben. Dort sind die Beschäftigungswirkungen der Ökosteuerreform analysiert, und die Frage beantwortet, ob die ökologische Steuerreform in Deutschland eine doppelte Dividende einbringt.

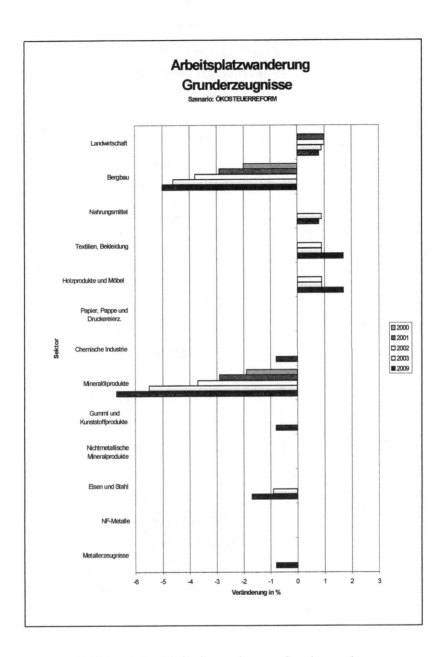

Abbildung 9.5 a Arbeitsplatzwanderungen Grunderzeugnisse

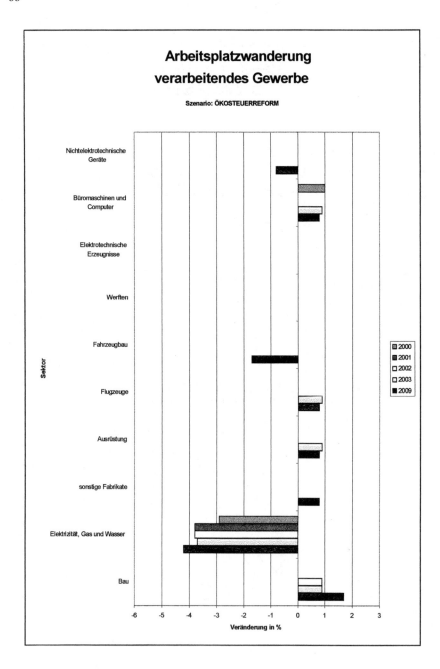

Abbildung 9.5 b Arbeitsplatzwanderung verarbeitendes Gewerbe

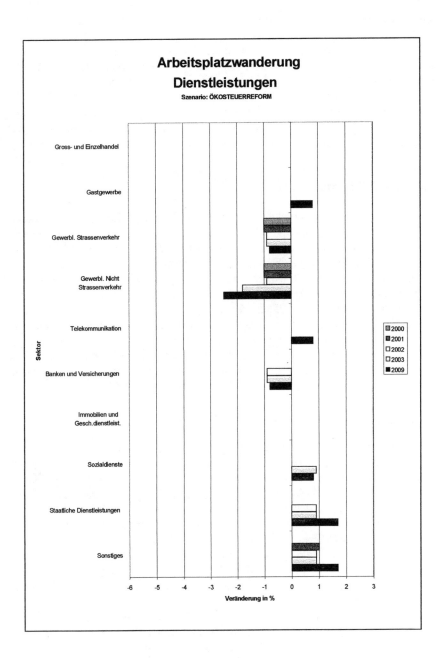

Abbildung 9.5 c Arbeitsplatzwanderung Dienstleistungen

Unter bundesrepublikanischen Bedingungen ist diese Flexibilität kaum zu erwarten. Einerseits ist die Mobilitätsbereitschaft bei einer grossen Zahl der Arbeitskräfte relativ gering - ganz abgesehen von institutionellen und arbeitsrechtlichen Hürden, welche die Flexibilität zusätzlich senken. Andererseits haben die neu geschaffenen Arbeitsplätze in der Regel ein anderes Anforderungsprofil, so dass entsprechende Umschulung und Weiterbildung erforderlich wären. Schliesslich ist nicht ohne weiteres klar, dass höhere Umsätze und eine Ausweitung der Produktion auch zu Neueinstellungen führen und nicht durch andere Massnahmen, wie zum Beispiel Überstunden, abgefangen werden.

9.6 Die Mobilitätseffekte

Unser theoretischer Ansatz (siehe Kapitel 5 und 7) erlaubt den privaten Haushalten, in verschiedener Weise ihre Nachfrage nach Mobilität an Änderungen von Kraftstoffpreisen anzupassen. Kurzfristig kann die Nachfrage nach Mobilität reduziert oder im Rahmen der bestehenden Infrastruktur auf öffentliche Verkehrsmittel ausgewichen werden. Mittel- und langfristig ist es möglich, herkömmliche Fahrzeuge durch umweltfreundlichere zu ersetzen, sowie das Angebot an öffentlichen Verkehrsdienstleistungen auszubauen.

Diese Asymmetrie zwischen kurz- und langfristigen Anpassungsstrategien ermöglicht, die Entscheidung, in ein neues Fahrzeug zu investieren, von der Entscheidung zu entkoppeln, Mobilität zu konsumieren. Entsprechend trennt der Bericht die Auswirkungen der Ökosteuer auf den Bestand an Fahrzeugen und dessen Zusammensetzung von deren Effekt auf die Nachfrage nach Mobilität.

9.6.1 Individuelle Mobilität

Bei einem realen Wirtschaftswachstum von ca. 2% pro Jahr ist es keine Überraschung, wenn auch die Gesamtnachfrage nach Mobilität weiter steigt. Zwar entkoppeln Ökosteuern die Entwicklung der Mobilität vom Wirtschaftswachstum, doch ist ihre Lenkungsfunktion nicht trendumkehrend. Die Nachfrage nach individueller Mobilität steigt weiterhin um ca. 1% pro Jahr (vgl. Abbildung 9.6).

Entgegen der Erwartung ist der öffentliche Verkehr (ÖV) nicht *der* Gewinner unter der Ökosteuerreform. Zwar entwickelt er sich besser als die Gesamtmobilität, was auf einen Umsteigeeffekt hinweist, doch der Ausstieg aus dem Individualverkehr bleibt aus. Hingegen wird massiv zwischen konventionellen PKW und energieeffizienteren Fahrzeugen substituiert. Wie Abbildung 9.6 zeigt, steigt Mobilität, die mit Diesel-PKW erbracht wird, nach unseren Berechnungen in den nächsten zehn Jahren um 80%. Dagegen verzeichnet die Nutzung konventioneller Benziner nach einer kurzen Wachstumsphase einen Rückgang.

Individuen fragen in mehr als der Hälfte aller Fälle Mobilität zur Ausübung von Freizeitaktivitäten nach (vgl. dazu Abbildung 5.1). Es ist daher interessant zu untersuchen, wie sich die Freizeitmobilität auf die verschiedenen Mobilitätsträger aufteilt.

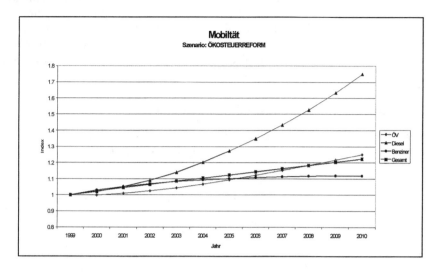

Abbildung 9.6 Entwicklung der individuellen Mobilität

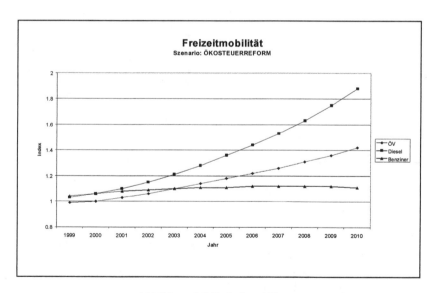

Abbildung 9.7 Freizeitmobilität

Vergleicht man die Abbildungen 9.6 und 9.7 miteinander, werden Ähnlichkeiten aber auch Unterschiede augenfällig. Auch im Fall von Freizeitmobilität findet Substitution statt – weg vom Benziner als Verkehrsmittel hin zum Diesel und den ÖV. In beiden Fällen ist der Umstiegseffekt jetzt grösser als im Durchschnitt über alle Formen von Mobilität. Dies ist insbesondere für den öffentlichen Verkehr interessant. Fast alle Studien behaupten nämlich, der ÖV sei bei Freizeitaktivitäten eine ungeeignete Alternative zum PKW (siehe Kapitel 5). Unsere Analyse stützt diese Hypothese offensichtlich nicht.

9.6.2 Die Entwicklung des Fahrzeugbestands

Substitution und eine nachhaltige Ablösung von energieintensiv erbrachter Mobilität sind nur möglich, wenn langfristig die bestehenden durch alternative Bestände an Verkehrsträgern abgelöst werden.

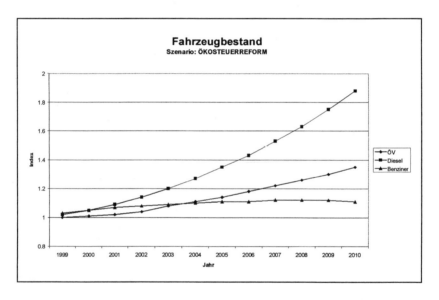

Abbildung 9.8 Die Entwicklung des Fahrzeugbestands

Dies bestätigt Abbildung 9.8. Der Bestand an konventionellen Fahrzeugen bleibt auf hohem, aber nahezu konstantem Niveau. Die Kapazitäten des öffentlichen Verkehrs werden in den nächsten zehn Jahren um ca. 20% ausgebaut. Im gleichen Zeitraum erhöht sich der Bestand an Dieselfahrzeugen um über 80%. Dies deutet auf einen zwar langsamen, aber nicht vernachlässigbaren Erneuerungseffekt und einen Umbau des PKW-Bestandes zugunsten energieeffizienterer Fahrzeuge hin.

10 Ölpreisschock

Im folgenden sei die Wirkung eines schockartigen und erheblichen Anstiegs der Mineralölsteuer untersucht, die durch eine zusätzliche, 100%ige ad-valorem Steuer ausgelöst wird. Wir sprechen dabei von einem endogenen Ölpreisschock, da die sprunghafte Verdopplung der Preise für fossile Energieträger nicht durch äussere Einflüsse, sondern einen energie- und umweltpolitischen Eingriff verursacht wird. Zusätzlich sei jetzt das Steueraufkommen nicht dazu verwendet, einen Teil der gesetzlichen Altersversorgung gegen zu finanzieren. Vielmehr erhalten die Haushalte das Steueraufkommen nach dem Ökobonusprinzip zurück.

10.1 Makroökonomische Effekte

Seit den Erfahrungen mit den Ölpreisschocks gilt billige Energie als Triebfeder der wirtschaftlichen Entwicklung (siehe PFISTER 1995). Entsprechend würde man erwarten, dass eine schlagartige Verdoppelung der Mineralölpreise negativ auf das Bruttoinlandprodukt wirkt. Diese Vermutung widerlegt Abbildung 10.1.

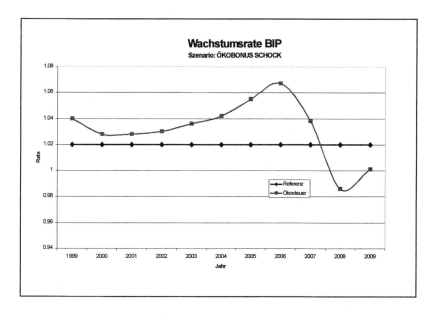

Abbildung 10.1 Ölpreisschock und Entwicklung des BIP

Mehrere Faktoren erklären dieses, der Intuition widersprechende Ergebnis. Erstens resultiert der unterstellte Preisschock nicht aus einer Verknappung des Angebots, sondern einer Erhöhung der Preise durch Steuern. Fossile Energie ist in hinreichendem Umfang vorhanden, nur doppelt so teuer. Wir befinden uns damit in mehrfacher Hinsicht in einer anderen Situation als während der Ölpreisschocks in den 70ern. Einerseits kam es damals zu massiven Versorgungsengpässen. Andererseits haben seinerzeit die erdölproduzierenden Staaten (OPEC) die Preise angehoben. Für erdölimportierende Staaten wie die BRD bedeutete dies einen massiven Abfluss an Kapital mit erheblichen negativen Auswirkungen auf die Konjunktur und auf das Wachstum.

Zweitens wird das Steueraufkommen jetzt nicht mehr dazu benutzt, die Lohnnebenkosten zu senken, sondern in konstanten Pro-Kopf Beträgen an die Haushalte rückverteilt. Damit kommt es zu keiner Abschöpfung an Kaufkraft bei den privaten Haushalten und einer Entlastung von Kapital, sondern einer schwachen Umverteilung zugunsten der ärmeren Haushalte. Aus anderen Arbeiten (STEPHAN et al. 1992) wissen wir, dass dies positiv auf die wirtschaftliche Entwicklung wirkt.

Drittens löst dieser endogene Preisschock in grossem Umfang Anpassungen und Investitionen in energiesparende Produktionsweisen und Produkte aus. Gestützt wird diese Erklärung bereits durch Abbildung 10.1. Während einer Innovationsphase von sieben Jahren werden die Anpassungsinvestitionen getätigt und so das Wirtschaftswachstum stimuliert. Danach sind negative Auswirkungen auf den Wirtschaftsstandort zu beobachten. Gleichzeitig steigen die Kapitaleinkünfte. Denn Wirtschaftswachstum und steigende Investitionen führen zu einer Verknappung von Kapital und somit einer wachsenden Rentabilität von Investitionen.

10.2 Auswirkungen auf die sektorale Struktur

Vergleichen wir die Auswirkungen der Ökosteuerreform (siehe Abbildung 9.4) mit den Auswirkungen des Ölpreisschocks auf einzelne Sektoren der deutschen Volkswirtschaft, werden mehrere Unterschiede deutlich.

Erstens fallen positive wie negative Effekte auf die Wirtschaftskraft der Branchen jetzt deutlicher aus. Während bei der Ökosteuerreform viele Sektoren relativ unberührt blieben, sind jetzt nahezu alle Bereiche der deutschen Wirtschaft betroffen.

Zweitens ist die Tendenz zur Dienstleistungs- und Konsumgesellschaft eindeutiger ausgeprägt. Unternehmungen aus diesen Branchen erzielen (relative) Zuwächse von bis zu fünf Prozent. Die traditionellen Industriebereiche hingegen gehören fast alle zu den Verlieren. In den Abbildungen 10.2a bis 10.2c sind diese Effekte auf Branchen und sektorale Strukturen grafisch aufgearbeitet.

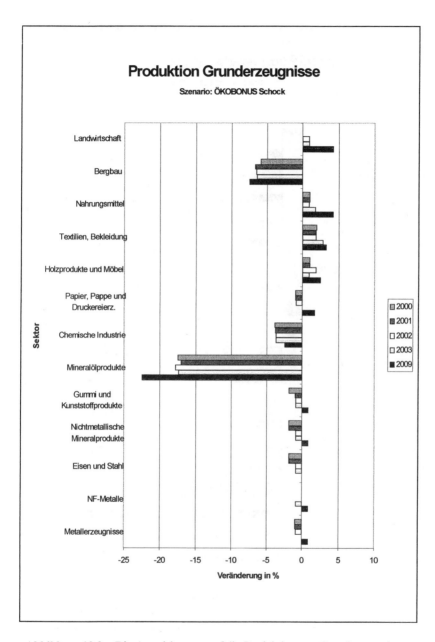

Abbildung 10.2 a Die Auswirkungen auf die Produktion von Grunderzeugnissen

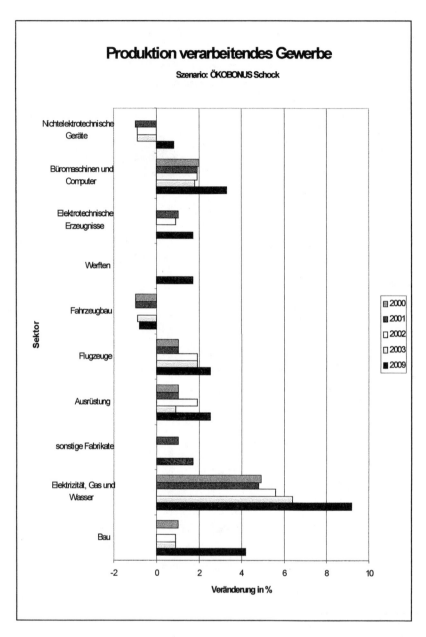

Abbildung 10.2 b Die Auswirkungen auf das verarbeitende Gewerbe

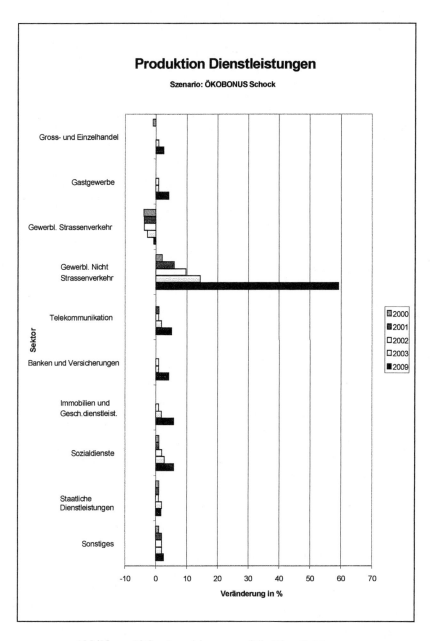

Abbildung 10.2 c Auswirkungen auf die Dienstleistungen

10.3 Die Auswirkungen auf die Mobilität

Abbildung 10.3 deutet auf eine rasche Umschichtung des Fahrzeugbestands unter einem endogenen Ölpreisschock hin. Haushalte investieren so gut wie nicht mehr in konventionelle PKW. Deren Bestand halbiert sich in den nächsten zehn Jahren. Hingegen verneunfacht sich der Bestand an energiesparenden Dieselfahrzeugen. Diese Tendenz, die Zusammensetzung des Fahrzeugbestands zugunsten von energieeffizienteren Fahrzeugen zu verschieben, haben wir auch schon für die Ökosteuerreform beobachtet (siehe Abbildung 9.8). Jetzt aber nimmt dieser Prozess fast dramatische Ausmasse an.

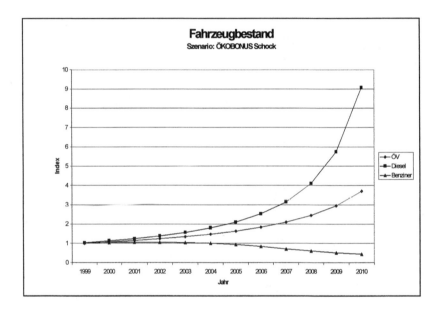

Abbildung 10.3 Die Entwicklung des Fahrzeugbestands

Nach wie vor wächst die deutsche Volkswirtschaft (vgl. Abbildung 10.1). Doch die individuelle Mobilität stagniert (siehe Abbildung 10.4). Dies steht in deutlichem Gegensatz zu unseren Ergebnissen für die Ökosteuerreform. Offensichtlich ist der lenkende Effekt des Ölpreisschocks gross genug, um die Nachfrage nach individueller Mobilität einzufrieren. Allerdings kann von einem einmaligen Preisschub keine immerwährende Wirkung ausgehen. Es ist daher nicht überraschend, dass die Nachfrage nach Mobilität gegen Ende des Zeithorizonts wieder ansteigt.

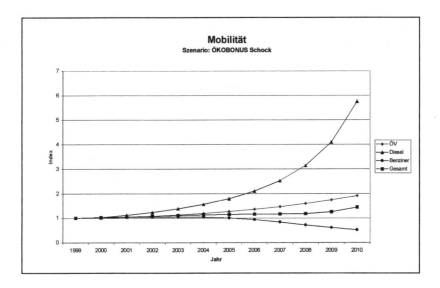

Abbildung 10.4 Die individuelle Mobilität

Wie schon im *Ökosteuerszenario* ist der öffentliche Verkehr nicht der grosse Profiteur, auch wenn er jetzt die Nutzung privater Verkehrsträger teilweise verdrängt. Deutlich bestätigt sich übrigens der Wandel in der Zusammensetzung des Fahrzeugbestands beziehungsweise der Art und Weise, wie Mobilität erzeugt wird. Die Mobilitätsdienstleistung von Benzinern nimmt deutlich ab, während sich die der Dieselfahrzeuge versechsfacht.

11 Ölpreisverfall

Unser drittes Szenario sieht einen weltmarktbedingten Rückgang des Rohölpreises um 50% vor. Vor dem Hintergrund eines stark angestiegenen Ölpreises in den letzten Monaten reflektiert dieses Szenario eine Rückkehr der Erdölpreise auf in der Vergangenheit über lange Frist beobachtete Werte.

11.1 Makroökonomische Effekte

Im Gegensatz zum letzten Kapitel wird jetzt die Hypothese bestätigt, billige Energie sei eine Triebfeder der wirtschaftlichen Entwicklung.

Wie Abbildung 11.1 zeigt, beschleunigt die schlagartige Verbilligung von fossiler Energie das Wirtschaftswachstum. Dabei wirkt dieser Impuls nicht nur kurzfristig, sondern hält über den gesamten Beobachtungszeitraum an.

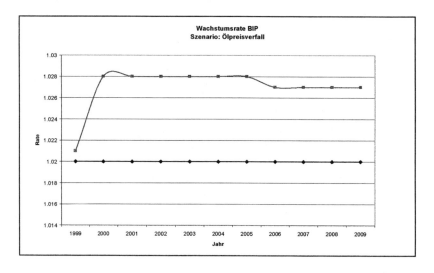

Abbildung 11.1 Ölpreisverfall und Entwicklung des BIP

Ein Grund für dieses Phänomen liegt sicher darin, dass es sich um eine dauerhafte Absenkung der Ölpreise handelt. Ein zweiter findet sich in der hierarchischen Struktur der deutschen Volkswirtschaft. Der Wachstumsimpuls setzt zunächst im Baugewerbe und der Investitionsgüterindustrie ein und pflanzt sich dann - mit Rückwirkungen - in der gesamten Volkswirtschaft fort.

11.2 Auswirkungen auf die sektorale Struktur

Die soeben beobachteten makroökonomischen Effekte bestätigen sich auf der sektoralen Ebene, wie die Abbildungen 11.2a bis 11.2c belegen. In nahezu allen Sektoren sind als Folge des Zerfalls der Erdölpreise wirtschaftlich positive Auswirkungen der Verringerung von Energiepreisen zu beobachten. Wie oben erwähnt, gibt es dabei eine klare zeitliche Abstufung. In allen Sektoren sind die positiven wie negativen Effekte zu Ende des Zeithorizonts am ausgeprägtesten, während sich unmittelbar nach dem Preisverfall Sektoren wie Bau oder Ausrüstung besser als die übrigen entwickeln.

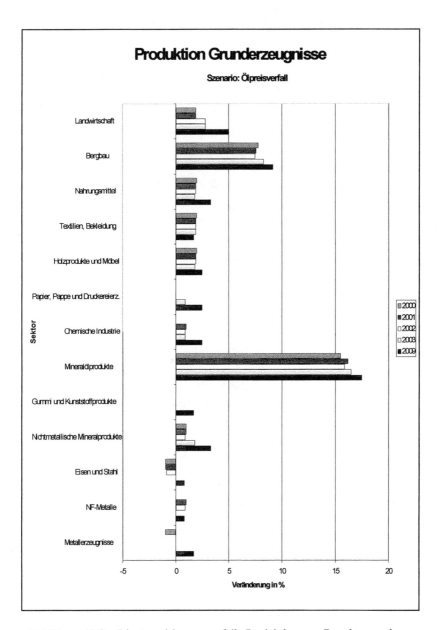

Abbildung 11.2 a Die Auswirkungen auf die Produktion von Grunderzeugnissen

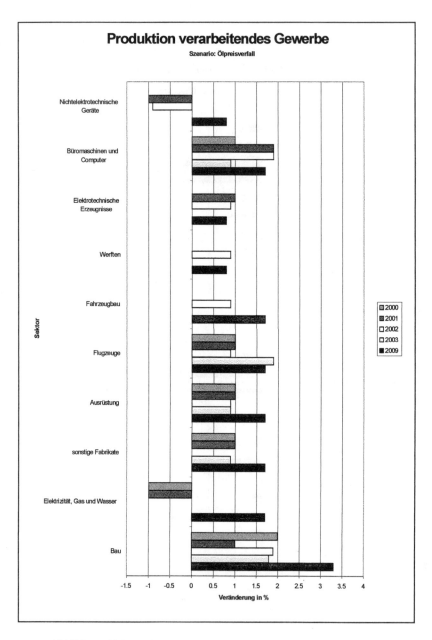

Abbildung 11.2 b Die Auswirkungen auf das verarbeitende Gewerbe

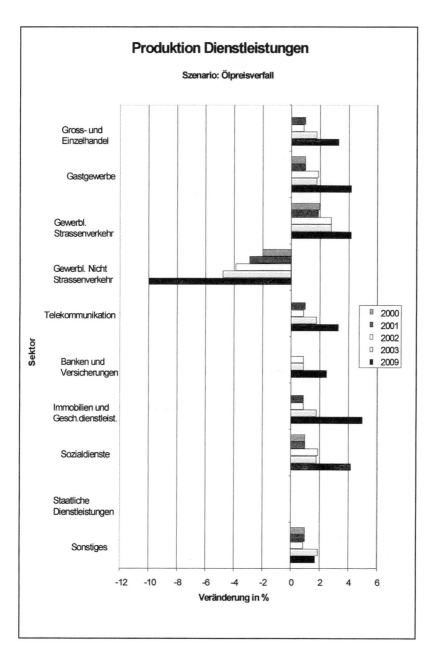

Abbildung 11.2 c Die Auswirkungen auf die Dienstleistungen

84

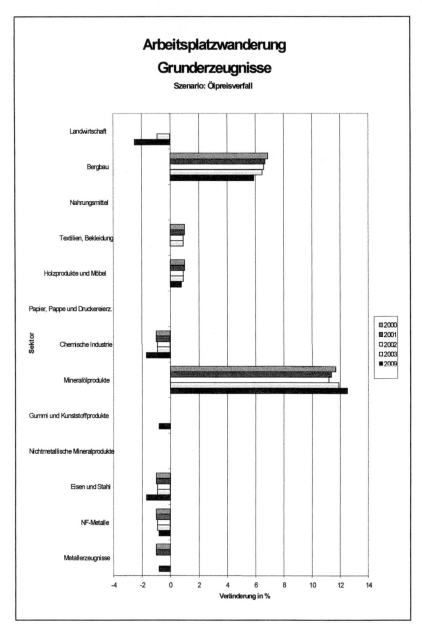

Abbildung 11.3 a Arbeitsplatzwanderungen Grunderzeugnisse

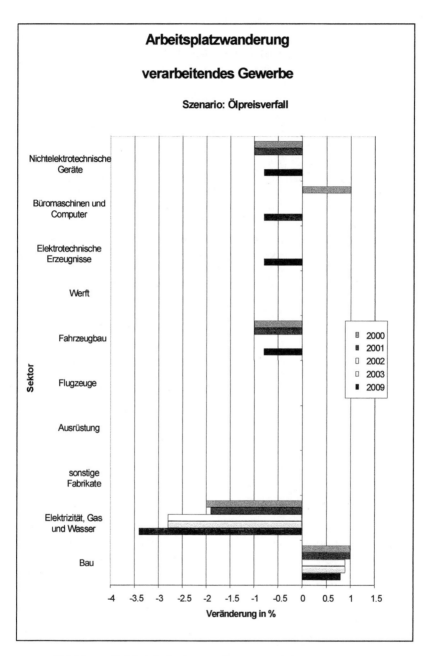

Abbildung 11.3 b Arbeitsplatzwanderung verarbeitendes Gewerbe

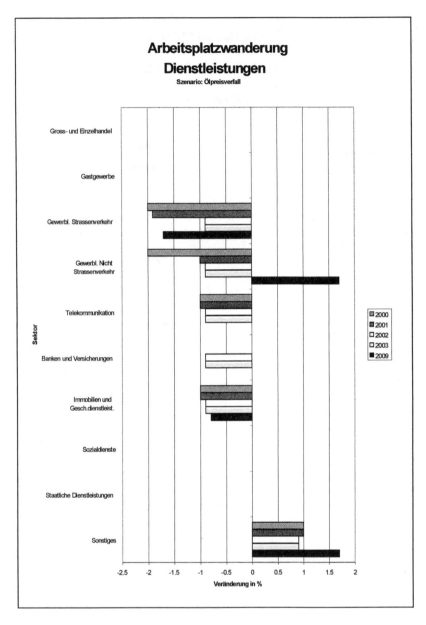

86

Abbildung 11.3 c Arbeitsplatzwanderungen Dienstleistungen

Da nunmehr fast alle Wirtschaftszweige profitieren, müsste man annehmen, alle fragten verstärkt Arbeit nach. Dem ist aber nicht so, wie die Abbildungen 11.3a bis 11.3c verdeutlicht haben. Vielmehr gibt es eine Reihe von Sektoren, deren Wirtschaftskraft durch den Verfall der Energiepreise zwar stimuliert wird, die aber dennoch Arbeitsplätze abbauen.

Ein Grund liegt sicherlich darin, dass dank positiver wirtschaftlicher Entwicklung die Nachfrage nach Arbeitskräften insgesamt steigt. In unserer derzeitigen Modellversion führt dies zu steigenden Löhnen. Dieser Verteuerung steuern arbeitsintensive Branchen wie die chemische Industrie durch entsprechende Rationalisierungen entgegen.[13]

11.3 Die Auswirkungen auf die Mobilität

Die massive und anhaltende Verbilligung konventioneller Kraftstoffe macht Investitionen in energiesparende Fahrzeuge ökonomisch unattraktiv. Wenn überhaupt, so werden Dieselfahrzeuge nur noch von Vielfahrern oder aus altruistischen Motiven angeschafft, um so einen vermeintlichen Beitrag zur Umweltentlastung zu leisten.

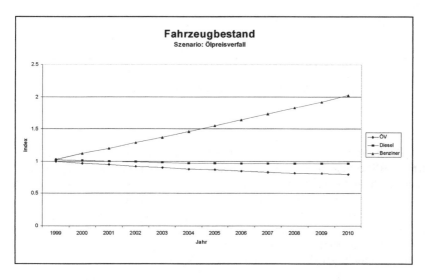

Abbildung 11.4 Die Entwicklung des Fahrzeugbestands

---

[13] Dies verdeutlicht nochmals die Notwendigkeit, den Arbeitsmarkt in der Folge genauer zu untersuchen.

Es ist daher keine Überraschung, dass Abbildung 11.4 fast eine Verdoppelung des Bestands an konventionellen PKW ausweist. Der Bestand an Dieselfahrzeugen nimmt mit der Abschreibungsrate dieser Fahrzeuge ab. Noch schneller werden die Kapazitäten des öffentlichen Verkehrs verringert.

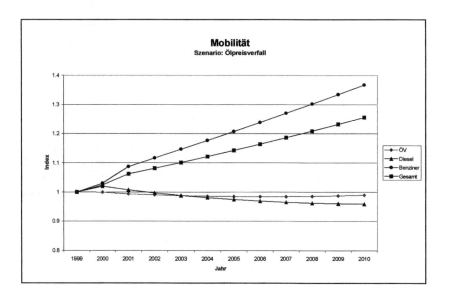

Abbildung 11.5 Die individuelle Mobilität

Ein entsprechendes Bild ergibt sich für die Nutzung der einzelnen Mobilitätsträger. Die individuelle Gesamtmobilität steigt rasch und zeigt Wachstumsraten, die der des BIP entsprechen (siehe Abbildung 11.5). Noch stärker entwickelt sich die Inanspruchnahme des Benzin-PKW. Im öffentlichen Verkehr ist zwar ein Rückgang zu beobachten. Da dort der Rückgang an Kapazitäten stärker ausfällt als der Nachfragerückgang, steigt die Auslastung des ÖV. Nicht überraschend nach Abbildung 11.4 ist: Dieselfahrzeuge sind nicht nur zu teuer in der Anschaffung, ihre Vorteile im Unterhalt sind durch die niedrigen Energiepreise aufgezehrt. Entsprechend verschwinden sie allmählich aus dem Strassenverkehr.

IV:

Ökosteuern, Mobilität und Wirtschaft:

Wachstum, Strukturwandel und Beschäftigung

Ökosteuern beeinflussen nicht nur die Makroökonomik einer Volkswirtschaft. Sie führen auch zu strukturellem Wandel, dem Verlust von Wirtschaftskraft in energie-intensiven Branchen und damit verbunden zum Abbau von Arbeitsplätzen in diesen Bereichen. Damit stellen sich die Fragen: Was sind die gesamtwirtschaftlichen Arbeitsplatzeffekte einer Ökosteuer? Werden, wie mit dem Schlagwort "doppelte Dividende" angedeutet, gesamthaft mehr Arbeitsplätze geschaffen? Welche Art von Arbeit wird neu nachgefragt und welche Beschäftigungsformen gehen durch die deutsche Ökosteuerreform verloren? Diese Fragen quantitativ und qualitativ zu beantworten, ist Gegenstand des vorliegenden Teils unserer Studie.

12 Ökosteuern und unfreiwillige Arbeitslosigkeit

Aus ökonomischer Sicht ist die Diagnose klar (siehe GAHLEN et al. 1996). Unfreiwillige Arbeitslosigkeit entsteht, weil die Arbeitsmärkte in ihrer Allokationsfunktion gestört sind, dort der Preismechanismus nicht funktioniert und somit die Koordination von Arbeitsangebot und –nachfrage nicht zu leisten vermag. Was aber sind die Ursachen für diese Fehlfunktion von Märkten? Natürlich geht es hier nicht darum, die Ursachen für Arbeitslosigkeit umfassend zu diskutieren. Diese Aufgabe übernimmt bereits die auf Arbeitsmarktanalysen spezialisierte Literatur (siehe dazu BORJAS 1996).

Dennoch müssen wir einige Hypothesen über das Auftreten von Arbeitslosigkeit entwerfen. Denn von den Verfechtern einer Ökosteuerreform wird stets argumentiert, diese steigere die Umweltqualität und bekämpfe gleichzeitig wirksam die Arbeitslosigkeit. Soll diese Aussage überprüft, sollen die Auswirkungen der bundesrepublikanischen Ökosteuerreform auf den Standort Deutschland und dessen Arbeitsmärkte auf den wissenschaftlichen Prüfstand gestellt werden, ist es notwendig, das Phänomen Arbeitslosigkeit in unser Berechenbares Allgemeines Gleichgewichtsmodell für die Bundesrepublik Deutschland zu integrieren. Dabei scheint es sinnvoll, zwischen institutioneller und struktureller Arbeitslosigkeit zu unterscheiden. Denn je nachdem, welche Faktoren ursächlich für das Auftreten von Arbeitslosigkeit sind, werden die Wirkungen der Ökosteuerreform auf die Beschäftigung unterschiedlich ausfallen (siehe dazu auch Kapitel 8).

12.1 Institutionelle Arbeitslosigkeit

Von institutioneller Arbeitslosigkeit sprechen wir, wenn Arbeitslosigkeit im wesentlichen das Ergebnis von Starrheiten ist, die unter anderem durch gesetzliche Regulierungen ausgelöst werden. Zu den institutionellen Faktoren zählen daher die gesetzlichen Bestimmungen zum Arbeits- und Kündigungsschutz ebenso wie die sozialen Sicherungssysteme und der Flächentarifvertrag. Diesen Reglementierungen ist gemeinsam, dass sie direkt in den Arbeitsmarkt eingreifen, die Anpassungsflexibilität reduzieren und die Koordinationsfunktion des Preismechanismus behindern. Denn Arbeitslosenversicherungen, Sozialhilfe und der Flächentarifvertrag definieren gemeinsam einen Reservations- beziehungsweise Mindestlohn, unter dem Arbeitnehmer entweder nicht mehr bereit sind oder ihnen nicht erlaubt ist, ihre Arbeitskraft anzubieten (vgl. Abbildung 12.1).

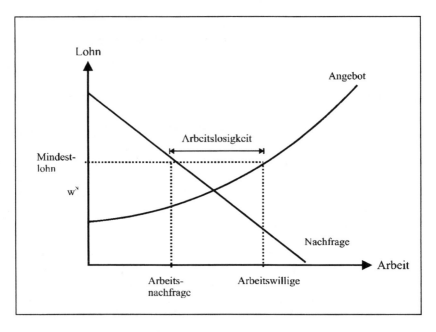

Abbildung 12.1 Mindestlöhne und Arbeitslosigkeit

Dass Mindestlöhne beziehungsweise Reservationslöhne zu unfreiwilliger Arbeitslosigkeit führen können, ist aus der Literatur wohl bekannt (siehe dazu BROWN et al. 1982). Ohne Mindestlohn läge das Arbeitsmarktgleichgewicht im Schnittpunkt von Angebots- und Nachfragekurve. Beim entsprechenden Lohnsatz käme es zur Markträumung. Alle, die zu diesem Lohn arbeiten wollten, fänden auch Beschäftigung.

Ist jedoch wie in Abbildung 12.1 der Mindestlohn höher als dieser Gleichgewichtslohn, tritt unfreiwillige Arbeitslosigkeit auf. Die Zahl derjenigen, die zum Mindestlohn willens sind zu arbeiten, ist grösser als die Anzahl der angebotenen Arbeitsplätze. Übrigens verdeutlicht Abbildung 12.1 auch, dass es in dieser Situation zu Wohlfahrtsverlusten kommt. Die Summe aus Konsumenten- und Produzentenrente ist nicht maximiert. Letzteres ist aber unabdingbare Voraussetzung für ein Wohlfahrtsoptimum (siehe dazu auch DOLADO et al. 2000).

Kann in dieser Situation eine Ökosteuer dazu beitragen, unfreiwillige Arbeitslosigkeit zu verringern? Abbildung 12.1 suggeriert dies. Die Nachfrage nach Arbeit ist nicht nur durch den an die Arbeitnehmer ausgezahlten Nettolohn bestimmt, sondern auch durch die vom Arbeitgeber zu tragenden Nebenkosten. Eine Verringerung dieser Kosten durch eine Teilfinanzierung der Sozial- und Altersversicherung aus Ökosteuern wirkt daher auf der Seite der Arbeitgeber wie eine Reallohnsenkung, was zu einer Steigerung der Nachfrage führt. Deshalb wird die Kurve der Arbeitsnachfrage nach rechts verschoben, wovon ein, wenn auch geringer, positiver Beschäftigungseffekt ausgeht.

So augenscheinlich diese Schlussfolgerung ist, so deutlich muss auf die Grenzen dieser extrem vereinfachenden Überlegung hingewiesen werden. Eine Ökosteuer senkt die Lohnnebenkosten zum Preis einer Verteuerung fossiler Energie. Wie im letzten Teil dieser Arbeit gezeigt, beeinflusst dies die wirtschaftliche Entwicklung, damit die gesamtwirtschaftliche Nachfrage nach Arbeit und somit auch den Arbeitsmarkt. Ja, es ist vorderhand nicht auszuschliessen, dass dieser *indirekte Effekt* die prinzipiell positive Wirkung der Kostensenkung zerstört (vgl. dazu KIRCHGÄSSNER et al. 1998). Für ein solides, quantitativ untermauertes Urteil müssen alle Interdependenzen vollständig und systematisch erfasst werden, was nur im Rahmen eines berechenbaren Gleichgewichtsmodells möglich ist. Dies durchzuführen ist Gegenstand der weiteren Untersuchung.

12.2 Strukturelle Arbeitslosigkeit

Aus ökonometrischen Analysen geht hervor, dass Mindestlöhne die wesentliche Ursache für Arbeitslosigkeit während der 60er und 70er Jahre waren. Für die 90er hingegen ist kein signifikanter Zusammenhang zwischen Mindestlöhnen und Arbeitslosigkeit zu finden (siehe DOLADO et al. 2000). Ein Grund liegt darin, dass sich auf den Arbeitsmärkten ein struktureller Wandel vollzogen hat. Arbeit als Gut zu betrachten, das auf einem einzigen Markt getauscht wird, vereinfacht die Realität der deutschen Arbeitswelt zu stark. Arbeit ist eben kein homogenes Gut. Mitarbeiter sind unterschiedlich qualifiziert. Die von ihnen in Form von Arbeit angebotenen Dienstleistungen sind nicht gleichermassen geeignet, den Bedürfnissen von Arbeitgebern zu entsprechen, wie auch Arbeitgeber je nach Tätigkeitsfeld unterschiedliche Qualifikationen nachfragen.

Heute hängt die Wahrscheinlichkeit arbeitslos zu werden von der Qualifikation ab. Vor allem Erwerbspersonen ohne Berufsausbildung sind häufiger und länger arbeitslos als beispielsweise Hochschulabsolventen. Erhebungen der Bundesanstalt für Arbeit zufolge (siehe BENDER 1996) betrug die Arbeitslosenquote unter den Erwerbspersonen ohne Berufsausbildung und geringem Bildungsniveau 23% (1998, Alte Länder und Berlin West). Sie übertrifft damit die gesamtwirtschaftliche Arbeitslosenquote um den Faktor 2.5.

Das war nicht immer so. Zu Beginn der 90er Jahre waren nur 13% der ungelernten Erwerbspersonen arbeitslos. In den letzten zehn Jahren ist dann die Ar-

beitslosigkeit von Niedrigqualifizierten auf den doppelten Wert gestiegen. Eingesetzt hat diese Entwicklung jedoch schon Ende der 70er Jahre. Damals waren bei
einer allgemeinen Arbeitslosenquote von fast 4% nur 5% der ungelernten Erwerbspersonen arbeitslos.

Tabelle 12.1 Anteile qualifizierter Arbeit

SEKTOREN	% QUAL.	SEKTOREN	% QUAL.
Landwirtschaft	0.35	Werften	0.24
Bergbau	0.35	Fahrzeugbau	0.23
Nahrungsmittel	0.34	Flugzeuge	0.24
Textilien, Bekleidung	0.2	Ausrüstung	0.35
Holzprodukte, Möbel	0.27	sonstige Fabrikate	0.35
Papier, Pappe, Druck	0.25	Elektrizität, Gas und Wasser	0.35
Chemische Industrie	0.49	Bau	0.35
Mineralölprodukte	0.52	Gross- und Einzelhandel	0.35
Gummi,Kunststoffprodukte	0.24	Gastgewerbe	0.35
N-metallische Mineralprodukte	0.27	Gewerbl. N- Strassenverkehr	0.35
Eisen und Stahl	0.24	Gewerbl. Strassenverkehr	0.35
NF-Metalle	0.27	Telekommunikation	0.76
Metallerzeugnisse	0.26	Banken. Versicherungen	0.76
N-elektrotechnische Geräte	0.36	Immobilien	0.76
Büromaschinen, Computer	0.68	Sozialdienste	0.76
Elektrotechn. Erzeugnisse	0.38	Staatliche Dienstleistungen	0.35
		Sonstiges	0.72

Tatsächlich hat die wirtschaftliche Entwicklung der letzten zwanzig Jahre die
Aussichten von Geringqualifizierten stark verschlechtert. Zwischen den Wirt-
schaftszweigen bestehen grosse Unterschiede im Anforderungsprofil an potentielle Mitarbeiter. Dies verdeutlicht Tabelle 12.1, die auf Daten aus FITZROY und
FUNKE (1995) basiert, und den prozentualen Anteil qualifizierter Arbeit an der
jeweiligen Beschäftigtenzahl nach Wirtschaftssektoren[14] aufschlüsselt.

Wie aus der Beschäftigungsstichprobe der Bundesanstalt für Arbeit hervorgeht,
haben sich die Beschäftigungsmöglichkeiten vor allem im sekundären Dienstleistungsbereich verbessert. Darunter fallen Forschung und Entwicklung zum ersten,
Organisation und Management zum zweiten, sowie Beraten, Betreuen, Lehren,
Publizieren zum dritten. Traditionelle produktionsorientierte Tätigkeiten hingegen
büssen an Bedeutung ein. Dieser Strukturwandel deutet auf eine Verschiebung

---

[14] Die Klassifikation nach Wirtschaftssektoren stimmt überein mit derjenigen, die in Kapitel 7 diskutiert wurde.

von den *blue-collar* zu den *white-collar* Aktivitäten hin. Eng damit verknüpft ist eine Verschiebung von niedrig zu hoch ausgebildeten Arbeitskräften.

Gründe für diese Entwicklung sind im wissenschaftlich-technischen Fortschritt sowie in der Globalisierung zu suchen. Dadurch hat sich das Anforderungs- und Tätigkeitsprofil vieler Berufe stark verändert. So gesehen ist Arbeitslosigkeit zunehmend Ausdruck ungenügender oder falscher Qualifikation. Auch ist die Aussage zu relativieren, Arbeitslosigkeit sei das Ergebnis zu hoher Löhne. Für unqualifizierte Arbeit mag dies stimmen. Doch verbleibt der Eindruck, die Gesellschaft, ihre Bildungsinstitutionen und insbesondere die Politik haben es versäumt, geeignete Anreize zur Qualifikation zu setzen.

Dieses Problem wird sich weiter verschärfen. Um auch in der Zukunft konkurrenzfähig zu sein, muss sich die Bundesrepublik Deutschland von einer Industrie- zur Dienstleistungs- und Informationsgesellschaft entwickeln. Die Nachfrage nach gering qualifizierter Arbeit wird eher sinken; der Bedarf an hoch qualifizierten Mitarbeitern dagegen steigen. Dies führt unmittelbar zur Frage: Kann unter diesen Umständen eine Ökosteuerreform nachhaltig zur Entlastung der Arbeitsmärkte beitragen? Zuvor sei aber die Frage beantwortet: Liegt in der Differenzierung von Arbeitsmärkten eine Ursache für die Arbeitslosigkeit der Neunziger?

In Abbildung 12.2 ist unterstellt, der bundesrepublikanische Arbeitsmarkt sei in zwei Märkte segmentiert. Auf dem Markt für qualifizierte Arbeit herrsche Gleichgewicht, der Gleichgewichtslohn liege deutlich über dem Mindest- beziehungsweise Reservationslohn[15]. Wenn, so gibt es dort höchstens freiwillige Arbeitslosigkeit. Auf dem Markt für unqualifizierte Arbeit hingegen herrsche unfreiwillige Arbeitslosigkeit. Zusätzlich besteht zwischen diesen Märkten eine Mobilitätsasymmetrie. Arbeitskräfte aus dem Markt für qualifizierte Arbeit können in denjenigen für unqualifizierte eintreten aber nicht umgekehrt.

Ist wie in Abbildung 12.2 unqualifizierte Arbeit von Arbeitslosigkeit betroffen, kann Migration zwischen den Märkten dieses Beschäftigungsproblem nicht lösen. In dieser Situation versprechen nur solche Massnahmen Erfolg, welche die Nachfrage nach unqualifizierter Arbeit steigern. Kann also die Ökosteuerreform nachhaltig zur Entspannung auf den Arbeitsmärkten, insbesondere dem Markt für wenig qualifizierte Arbeit beitragen?

Auf der Basis der bisherigen Überlegungen lässt sich diese Frage nicht schlüssig beantworten. Eine Reduktion der Lohnnebenkosten könnte zwar zu einer Ausdehnung der Nachfrage nach unqualifizierter Arbeit führen (siehe dazu auch Abschnitt 12.1). Doch weisen unsere Berechnungen in Kapitel 9 auch eine Verlagerung der wirtschaftlichen Tätigkeit weg von Sektoren mit einem hohen Anteil an unqualifizierter Arbeit hin zu Sektoren mit einem niedrigen Anteil aus. Letztere Entwicklung liefe einer Entlastung der Märkte für unqualifizierte Arbeit entgegen.

---

[15] Tatsächlich herrscht in Deutschland in vielen Branchen sogar Mangel an qualifizierten Mitarbeitern.

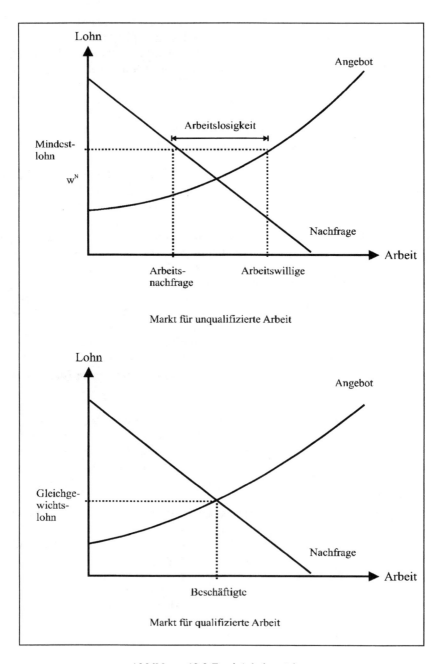

Abbildung 12.2 Zwei Arbeitsmärkte

12.3 Modellvarianten und Szenarien

Natürlich sind die beiden Varianten nicht die *ultima ratio* der ökonomischen Analysen von Arbeitslosigkeit (vgl. dazu BOVENBERG 1996, KOSKELA et al. 2001). Dennoch betrachten wir nur diese, wenn im Rahmen unseres Berechenbaren Allgemeinen Gleichgewichtsmodells für Deutschland untersucht wird, ob die Ökosteuerreform zur Lösung der Arbeitslosenproblematik beitragen kann. Entsprechend folgt Modellvariante MINIMAL den Überlegungen zur institutionell bedingten Arbeitslosigkeit aus Abschnitt 12.1, wobei ein Minimallohn zu einer unfreiwilligen Arbeitslosenquote von 10% im Basisjahr 1999 führe. Modellvariante DIFFERENTIAL greift die Betrachtungen aus Abschnitt 12.2 auf und unterscheidet zwischen qualifizierter und nichtqualifizierter Arbeit. Wiederum bewirke ein Minimallohn – jetzt aber nur auf dem Markt für nichtqualifizierte Arbeit - eine Arbeitslosenquote von 10% im Ausgangsjahr 1999.

Jede ökologische Steuerreform ist durch zwei Elemente (siehe Kapitel 4) bestimmt: (1) einer Steuer auf (fossile) Energieträger, (2) der Verwendung des Steueraufkommens. Die Szenarien ÖKOSTEUER und ÖKOBONUS unterscheiden sich bezüglich der ersten Komponente nicht. In beiden Fällen wird unterstellt (siehe Abschnitt 9.1), dass ab 1999 die Mineralölsteuer für private Nutzer und das produzierende Gewerbe jährlich um 6 Pfg./Liter, die Steuer auf Heizöl um 4 Pfg./Liter erhöht werden. Produzierende Betriebe erhalten einen Nachlass von 80%. Elektrische Energie wird jährlich steuerbedingt um 2 Pfg./kWh teurer, wiederum mit einem Nachlass von 80% für das produzierende Gewerbe.

Weil die Art der Rückerstattung Verteilungseffekte nach sich ziehen kann (vgl. Abschnitt 4.3), werden zwei Alternativen betrachtet. Im Szenario ÖKOSTEUER wird das Aufkommen aus der Ökosteuerreform eingesetzt, um die Lohnnebenkosten zu reduzieren. Im Szenario ÖKOBONUS wird das Aufkommen aus der Ökosteuer den Haushalten in Form von konstanten Pro-Kopf Beträgen zurückerstattet. Im wesentlichen entspricht dies einer einkommensunabhängigen Steuerentlastung.

13 Ökosteuern und institutionelle Arbeitslosigkeit

13.1 Gesamtwirtschaftliche Entwicklung und Arbeit

Abbildung 13.1 erfasst die Auswirkungen der geplanten und teilweise schon realisierten Ökosteuerreform auf die Entwicklung des Bruttoinlandprodukts. Wird Arbeitslosigkeit nicht berücksichtigt, sind die Unterschiede im BIP-Wachstum mit und ohne ökologische Steuerreform vernachlässigbar. Wird, wie in der Modelvariante MINIMAL die institutionelle Arbeitslosigkeit erfasst, entwickelt sich die deutsche Wirtschaft unter der Ökosteuerreform stets schlechter als im Referenzfall ohne Ökosteuern und - abgesehen von der Implementierungsphase – sogar schlechter als in einer Situation mit Ökosteuer und Vollbeschäftigung. Allerdings sollte man darauf hinweisen, dass die Differenzen nahe der Fehlergenauigkeit liegen, auch wenn das von uns errechnete jährliche Wirtschaftswachstum von durchschnittlich 2% mit den bekannten Prognosen übereinstimmt.

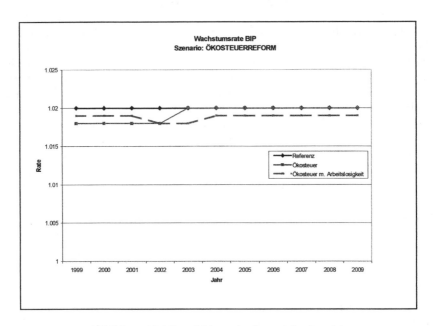

Abbildung 13.1 Entwicklung des Bruttoinlandprodukts

Wie erwähnt, haben wir die Modellvariante MINIMAL auf eine Arbeitslosenquote von 10% im Ausgangsjahr 1999 kalibriert. Abbildung 13.2 zeigt, dass die von der Bundesregierung in die Wege geleitete ökologische Steuerreform die institutionelle Arbeitslosigkeit zumindest kurzfristig geringfügig verringert. Langfristig ist dieser Effekt jedoch nicht von Bestand. Gegen Ende des Zeithorizontes steigt die Arbeitslosenquote sogar wieder über die des Basisjahres 1999, was im wesentlichen aus der schlechteren wirtschaftlichen Entwicklung (vgl. nochmals Abbildung 13.1) resultiert.

Abbildung 13.2 birgt eine weitere Überraschung. Geht man von einer Teilfinanzierung der Lohnnebenkosten auf eine Pro-Kopf Rückerstattung des Aufkommens aus der Ökosteuer nach dem Ökobonusprinzip über, führt dies zu einem deutlich stärkeren Abbau der institutionellen Arbeitslosigkeit.

Eine Begründung hierfür liefert Kapitel 4. Der Verteilungseffekt spielt eine entscheidende Rolle. Eine Verringerung der Lohnnebenkosten entlastet Unternehmungen und unselbständig Berufstätige, was einer Einkommensumverteilung zugunsten dieser Gruppen gleichkommt. Wird, wie in der Modellvariante ÖKO-

BONUS das Steueraufkommen hingegen zu gleichen Beträgen an alle Steuerpflichtigen zurückverteilt, findet eine Umverteilung zugunsten der einkommensschwachen Haushalte statt; unabhängig davon, ob diese Beiträge zur Sozialversicherung bezahlen oder nicht.

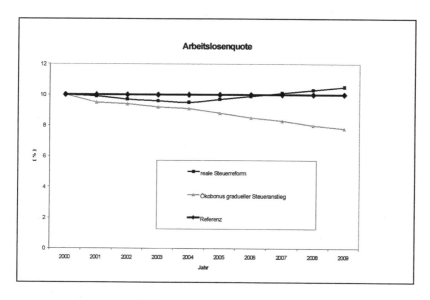

Abbildung 13.2 Arbeitslosenquote

Dies stellt insbesondere Familien mit Kindern sowie ärmere Haushalte in ländlichen gebieten besser. Haben diese Bevölkerungsgruppen ein höheres verfügbares Einkommen, stimuliert dies die Binnennachfrage, was langfristig wiederum der wirtschaftlichen Entwicklung zu gute kommt.

13.2 Auswirkungen auf die Wirtschaftsstruktur

In Kapitel 9 wurden – unter Vernachlässigung der Arbeitsmarktproblematik – die Effekte der Ökosteuerreform auf die Wirtschaftskraft einzelner Sektoren in prozentualen Abweichungen der sektoralen Bruttoproduktionswerte vom Referenzwert ausgedrückt. Genauso verfahren wir jetzt, berücksichtigen aber, dass im Basisjahr zehn Prozent der Erwerbspersonen institutionell bedingt arbeitslos waren.

Auf den ersten Blick spielt es keine Rolle, ob institutionelle Arbeitslosigkeit berücksichtigt wird oder nicht, wie aus einem Vergleich der Abbildungen 13.3a bis 13.3c mit 9.4a – 9.4c hervorgeht. Wiederum gehören die traditionellen Industriebranchen, die Energiesektoren, der gewerbliche Strassenverkehr und die Automobilindustrie zu den Verlierern. Wiederum sind der Dienstleistungsbereich und die Informationsverarbeitungs- und -übermittlungsbranche Gewinner, ebenso wie der nichtstrassengebundene Transport und Teile der Konsumgüterindustrie.

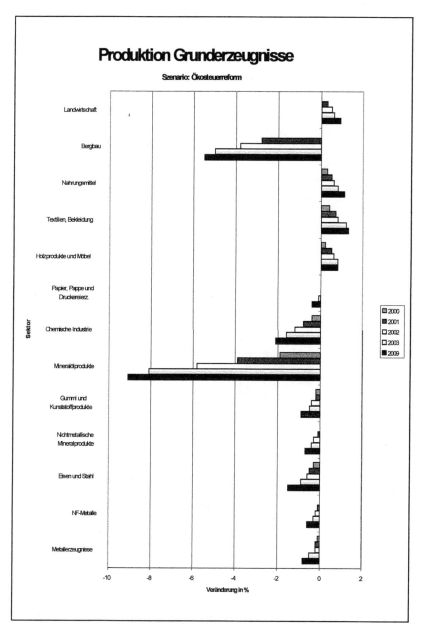

Abbildung 13.3 a Auswirkungen auf die Produktion von Grunderzeugnissen

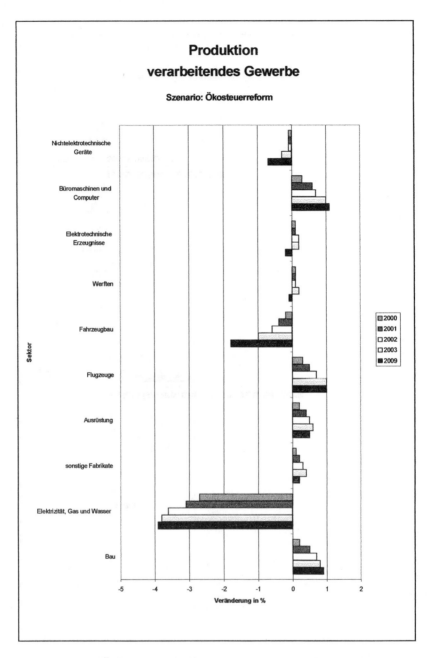

Abbildung 13.3 b Auswirkungen auf das verarbeitende Gewerbe

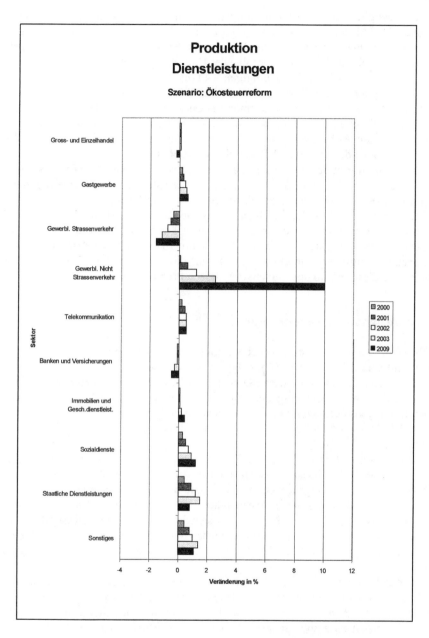

Abbildung 13.3 c Auswirkungen auf die Dienstleistungen

Auch bezüglich der Grössenordnungen besteht im wesentlichen Übereinstimmung. Gewinne und Verluste sind gering und dürften in der Realität von Konjunkturschwankungen überdeckt sein. Bei einigen Sektoren sind aber Unterschiede hinsichtlich der zeitlichen Reihenfolge des Eintretens von Wirkungen zu beobachten, wie ein Vergleich der Abbildungen 9.4a bis 9.4c mit den Abbildungen 13.3a, 13.3b,13.3c für die Einführungsphase 2000, 2001, 2002, 2003 und zusätzlich das Jahr 2009 zeigt. Wären die Arbeitsmärkte perfekt und stets im Gleichgewicht, wie in Kapitel 9 unterstellt, wären beispielsweise im Fahrzeugbau die negativen Auswirkungen am Anfang am grössten. Herrscht hingegen institutionelle Arbeitslosigkeit, steigen die negativen Effekte über die Zeit an.

Dies stimmt mit den Ergebnissen aus Abbildung 13.1 überein. Wird institutionelle Arbeitslosigkeit berücksichtigt, sind die Wachstumseinbussen zu Beginn der Ökosteuerreform zwar geringer, als sie in einer Volkswirtschaft ohne Arbeitslosigkeit wären. Doch findet die Ökonomie nie mehr auf den alten Wachstumspfad zurück. Arbeitslosigkeit und der Versuch, mit Ökosteuern sowohl die Umwelt als auch die Arbeitsmärkte zu entlasten, führt somit zu einem überaus unerfreulichen Ergebnis. Langfristig wirken sie negativ auf die ökonomische Entwicklung des Standorts Deutschland und verschärfen dessen Probleme noch.

13.3 Arbeitsplatzwanderungen

Wird eine Steuer auf Energie erhoben, steigen die Produktionskosten in den energie- und verkehrsintensiven Branchen. Dies beeinträchtigt deren Wettbewerbsfähigkeit, weshalb dort mit einem Rückgang der Beschäftigung zu rechnen ist. Dieser Tendenz wirkt aber entgegen, dass die Finanzierung von Lohnnebenkosten durch die Ökosteuer lohnintensive Wirtschaftszweige entlastet. Je nachdem, welcher Effekte dominiert, werden neue Arbeitsplätze geschaffen oder bestehende abgebaut.

Wie schon in Kapitel 9 – dort allerdings unter Ausklammerung der Arbeitsmarktproblematik – beobachten wir auch in der Variante MINIMAL erhebliche Arbeitsplatzverlagerungen. Abbildungen 13.4a bis 13.4c illustrieren, dass der Abbau und die Schaffung neuer Arbeitsplätze vollständig auf die Entwicklung der einzelnen Wirtschaftsbranchen synchronisiert ist. Dies bedeutet insbesondere, Beschäftigung auf dem bisherigen Niveau kann nur gehalten werden, wenn Arbeitnehmer bereit sind, nicht nur den Arbeitsplatz sondern auch die Branche zu wechseln.

Unter den derzeit herrschenden Anreizstrukturen ist dies kaum zu erwarten. Einerseits ist die Mobilitätsbereitschaft bei der Mehrheit der Arbeitskräfte relativ gering – ganz abgesehen von institutionellen und arbeitsrechtlichen Hürden, welche die Flexibilität zusätzlich senken. Andererseits haben die neu geschaffenen Arbeitsplätze in der Regel ein anderes Anforderungsprofil, so dass entsprechende Umschulung und Weiterbildung erforderlich sind. Und schliesslich ist nicht ohne weiteres klar, ob höhere Umsätze und Produktion auch zu Neueinstellungen führen und nicht etwa durch andere Massnahmen abgefangen werden.

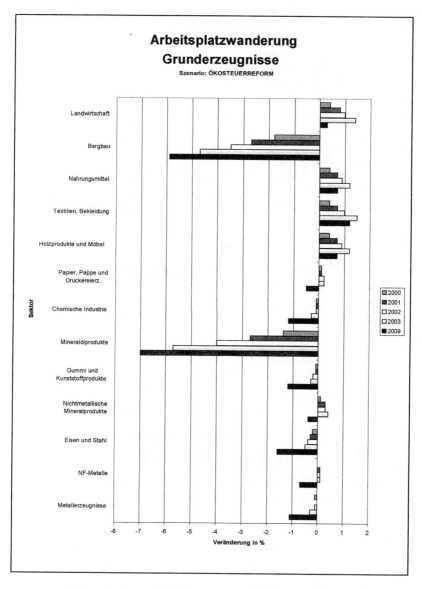

Abbildung 13.4 a Arbeitsplatzwanderungen Grunderzeugnisse

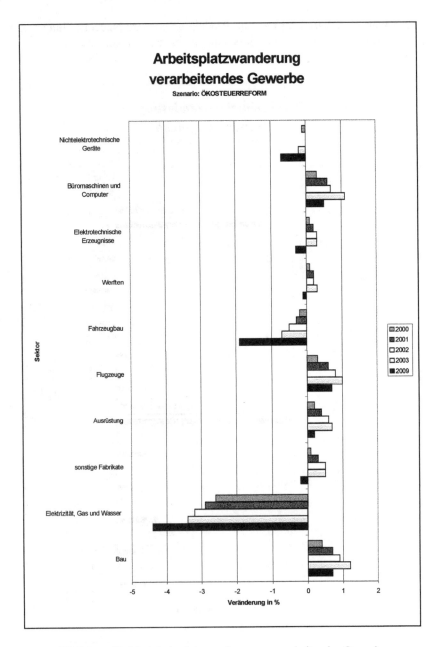

Abbildung 13.4 b Arbeitsplatzwanderungen verarbeitendes Gewerbe

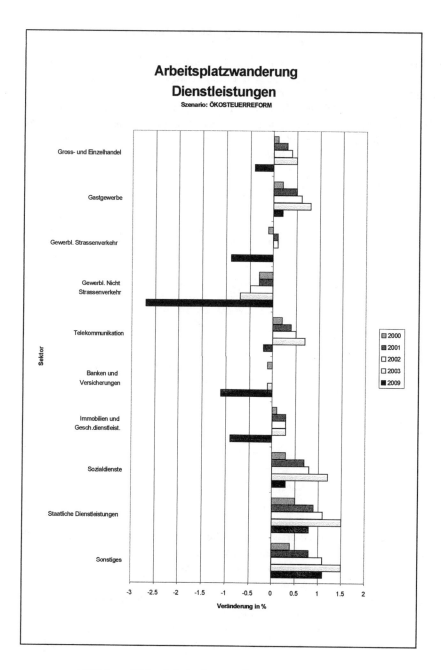

Abbildung 13.4 c Arbeitsplatzwanderungen Dienstleistungen

13.4 Mobilität und die Entwicklung des Fahrzeugbestands

Wie erwähnt, reagiert ein typischer Haushalt auf steigende Benzinpreise kurzfristig, indem er die Nachfrage nach Mobilität reduziert oder auf öffentliche Verkehrsmittel umsteigt. Mittel- und langfristig versucht er, umweltfreundliche Fahrzeuge zu nutzen. Ändern sich diese Anpassungsreaktionen, wenn institutionelle Arbeitslosigkeit berücksichtigt wird? Um es vorwegzunehmen: Wir beobachten zwar, dass abhängig davon, ob Arbeitslosigkeit erfasst ist oder nicht, die Ergebnisse unterschiedlich ausfallen. Doch sind diese Veränderungen gering.

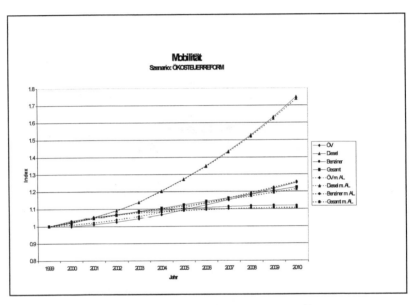

Abbildung 13.5 Nachfrage nach Mobilität[16]

Aus Abbildung 13.5 ist zu ersehen, dass die Nachfrage nach Mobilität trotz Ökosteuer steigt. Deutlich ist aber auch, dass die Entwicklung der Gesamtmobilität vom Wirtschaftswachstum generell abgekoppelt ist, wobei institutionelle Arbeitslosigkeit die Entkopplung noch verstärkt. Dies ist konsistent zu Abbildung 13.1, wonach institutionelle Arbeitslosigkeit wachstumsbremsend wirkt. Interessant ist auch, dass die *relative* Abschwächung der Gesamtnachfrage nach Mobilität ausschliesslich vom Privatverkehr getragen wird, der öffentliche Verkehr hingegen leichte Gewinne erzielen kann. Dies ist im wesentlichen darauf zurückzuführen,

---

[16] Durchgezogene Linien repräsentieren die Nachfrage ohne Arbeitslosigkeit; gestrichelte die Nachfrage nach Mobilität mit Ökosteuern und institutioneller Arbeitslosigkeit.

dass Individuen Mobilität aus verschiedenen Gründen nachfragen und die Wahl des Verkehrsträgers vom Bestimmungszweck abhängt.

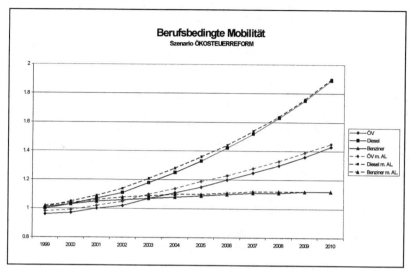

Abbildung 13.6 Berufsmobilität

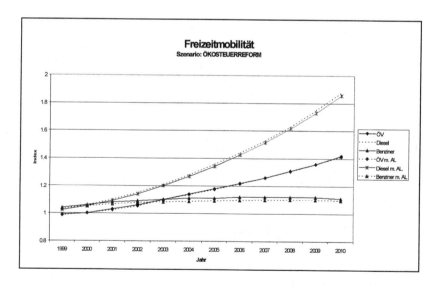

Abbildung 13.7 Freizeitmobilität

110

Liegt institutionelle Arbeitslosigkeit vor, ist die Nachfrage nach berufsbedingter Mobilität trotz Ökosteuer höher, als dies ohne Arbeitslosigkeit aber mit Ökosteuer der Fall wäre (siehe Abbildung 13.6). Dies gilt unabhängig vom Mobilitätsträger. Arbeitslosigkeit stellt für jede Erwerbsperson eine latente Bedrohung dar, weshalb deren Bereitschaft steigt, höhere Pendelkosten zu tragen.

Konsistent dazu ist die Beobachtung, dass Freizeitaktivitäten bei institutioneller Arbeitslosigkeit eingeschränkt werden; dann jedenfalls, wenn dazu ein Benzin-PKW genutzt wird (siehe Abbildung 13.7). Für Dieselfahrzeuge gilt dies nicht. Dies stimmt mit den Ergebnissen aus Abbildung 13.8 überein, wonach von Ökosteuern der Anreiz ausgeht, Benziner durch Diesel-PKW zu ersetzen. Denn eine nachhaltige Ablösung von energieintensiver Mobilität erfordert, dass die bestehenden durch alternative Bestände an Verkehrsträgern abgelöst werden. Dennoch verharrt der Bestand an benzingetriebenen Fahrzeugen auf hohem Niveau. Der öffentliche Verkehr wird in den nächsten zehn Jahren kaum ausgebaut. Nur der Bestand an Dieselfahrzeugen steigt signifikant.

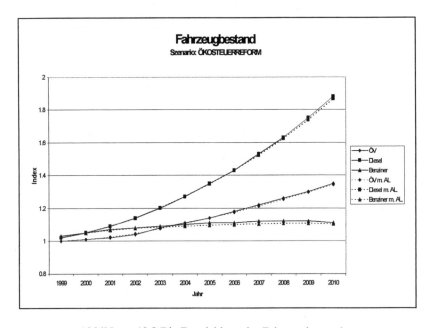

Abbildung 13.8 Die Entwicklung des Fahrzeugbestands

Arbeitslosigkeit hat trotz Ökosteuerreform negative Auswirkungen auf die gesamtwirtschaftliche Entwicklung (siehe Abbildung 13.1). Auch wirkt sie negativ auf die Gesamtnachfrage nach Mobilität (siehe Abbildung 13.5). Es überrascht

daher nicht, dass bei institutioneller Arbeitslosigkeit die Entwicklung des Fahrzeugbestands in allen Kategorien hinter derjenigen mit Ökosteuern aber ohne Arbeitslosigkeit zurückbleibt (siehe Abbildung 13.8).

14 Ökosteuern und strukturelle Arbeitslosigkeit

Institutionelle Faktoren allein erklären das Phänomen Arbeitslosigkeit nicht. Daher ist zu fragen, wie die Ökosteuerreform auf die wirtschaftliche Entwicklung
und Beschäftigung wirkt, wenn strukturelle Arbeitslosigkeit herrscht. Letzteres
bedeutet, dass Erwerbstätige je nach Qualifikation auf unterschiedlichen Märkten
als Anbieter auftreten. Die Korrelation zwischen Qualifikation und Tätigkeit entspricht der im Englischen üblichen *White-collar/blue-collar-Einteilung*. *White-
collar-Tätigkeiten* sind mit hoher, *Blue-collar-Tätigkeiten* mit niedriger Qualifikation gleichzusetzen. Natürlich gibt es *Blue-collar-Tätigkeiten* mit hohen Qualifikationsanforderungen oder *White-collar-Aktivitäten* mit niedrigen, dies ist aber die
Ausnahme. Zudem zeigen FITZROY und FUNKE (1995), dass die Unterschei-
dung nach Tätigkeiten statistisch signifikante Aussagen über Arbeitsmarkteffekte
erlaubt, während dies bei einer Einteilung nach Schulabschluss nicht möglich ist.

14.1 Daten und Modellierung

Um Erwerbspersonen nach Qualifikation zu gruppieren, verwenden wir Daten aus
der IAB Beschäftigtenstichprobe (vgl. BENDER 1996). Diese Stichprobe gilt für
1990, wurde von der Bundesanstalt für Arbeit durchgeführt und erfasst 200'000
sozialversicherungspflichtige Arbeitnehmer.

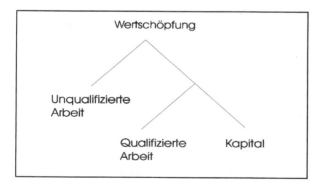

Abbildung 14.1 Substitution zwischen Kapital, qualifizierter, unqualifizierter Arbeit

112

Weil Arbeit jetzt kein homogenes Gut mehr ist, muss unser Modell angepasst werden. Die Modifikation betrifft jedoch nur die sektoralen Produktionsfunktionen und dort die Substitution zwischen Kapital, hoch- und niedrigqualifizierter Arbeit (siehe Abbildung 14.1). Der Rest der Modellierung ist unverändert.

Wie Abbildung 14.1 illustriert, wird auf der untersten Ebene der sektoralen Produktion ein Kapitalaggregat erfasst, das aus physischem Kapital und qualifizierter Arbeit besteht. Zwischen diesen Faktoren bestehen geringe Substitutionsmöglichkeiten, wie der Elastizitätswert 0.21 ausgedrückt. Übrigens führt eine zunehmende Kapitalisierung so auch zu einer Zunahme der Qualifikationsanforderungen. Dies konnte nicht nur für Deutschland (FITZROY und FUNKE 1995) sondern auch für die USA (HAMERMESH 1993) nachgewiesen werden.

Zwischen dem Kapitalaggregat und unqualifizierter Arbeit bestehen bessere Substitutionsmöglichkeiten. Die Elastizität von 0.5 bleibt dennoch weit hinter den Standardelastizitäten für homogene Arbeitsmärkte zurück. Folglich bedingen geteilte Arbeitsmärkte eine erhöhte Starrheit zwischen Kapital und Arbeit.

14.2 Gesamtwirtschaftliche Entwicklung und Arbeit

Die BIP-Wachstumsraten für die Varianten MINIMAL und DIFFERENTIAL finden sich in Abbildung 14.2. Zur besseren Vergleichbarkeit ist auch das Ökosteuerszenario ohne Arbeitslosigkeit wiedergegeben.

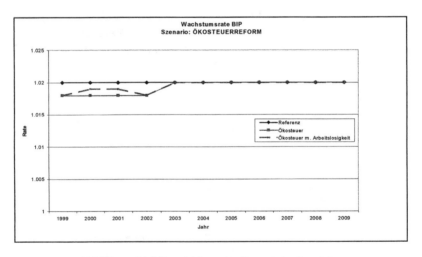

Abbildung 14.2 Entwicklung des Bruttoinlandprodukts

Auf die Gesamtwirtschaft wirkt die Ökosteuer auch in einer Ökonomie mit hete-
rogenen Arbeitsmärkten wie ein negativer exogener Schock. Dies führt zunächst
zu einer Verringerung der wirtschaftlichen Entwicklung um ca. 0.2%. Von 2003
an kehrt die deutsche Volkswirtschaft jedoch wieder auf den ursprünglichen
Wachstumspfad zurück. Die Ökosteuerreform hat damit langfristig keinen Einfluss auf die gesamtwirtschaftliche Entwicklung.

Anders hingegen präsentiert sich die wirtschaftliche Entwicklung, wenn das
Aufkommen aus der Ökosteuer nach dem Ökobonusprinzip zurückerstattet wird.
Die direkte Rückverteilung der Steuer an die Haushalte erhöht deren verfügbares
Einkommen und stimuliert die Konsum- und Spartätigkeit, weshalb die Wirtschaft
schneller wächst. Dieser Effekt macht bis zu einem Prozentpunkt aus. Dieses Ergebnis zeigt, wie wichtig die Verwendung des Steueraufkommens ist. Das positive
Wachstumspotential einer Ökosteuerreform kann durch einen ungeeigneten Verwendungsmodus zunichte gemacht werden. So gesehen ist die direkte Rückverteilung an die Haushalte einer Verringerung der Lohnnebenkosten vorzuziehen; vorausgesetzt, Wachstum ist ein Politikkriterium.

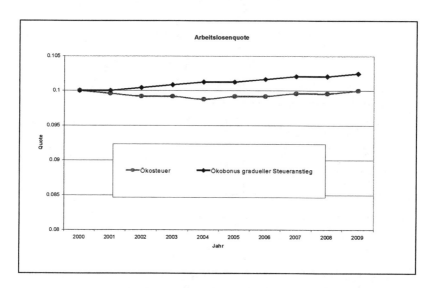

Abbildung 14.3 Arbeitslosenquote

Abbildung 14.3 zeigt die Veränderung der Arbeitslosenquote für die unterschiedlichen Szenarien. Interessant ist ein Vergleich mit Abbildung 13.2. Dort war institutionelle Arbeitslosigkeit unterstellt und festgestellt: Wird das Steueraufkommen
nach dem Ökobonusprinzip an die Haushalte zurückerstattet, wird der Arbeitsmarkt im Vergleich zur realen Ökosteuerreform stärker und nachhaltiger entlastet.

Anders ist das Bild unter struktureller Arbeitslosigkeit. Der Ökobonus belebt zwar die Nachfrage, hat aber keinen direkten Einfluss auf den Arbeitsmarkt, da die Lohnnebenkosten davon unberührt bleiben. In der Folge steigt die Arbeitslosenquote sogar leicht an, was auf den strukturellen Wandel zugunsten der kapitalintensiven Sektoren zurückzuführen ist. Hingegen beobachten wir im Ökosteuerszenario einen leichten Rückgang der Arbeitslosigkeit. Dieser Rückgang ist jedoch so gering, dass von einem vernachlässigbaren Einfluss gesprochen werden kann.

14.3 Auswirkungen auf die Wirtschaftsstruktur

Den Auswirkungen der Ökosteuerreform auf den Sektor Fahrzeugbau haben wir besondere Aufmerksamkeit geschenkt. Tabelle 14.1 berichtet, wie sich die Ökosteuer (ausgedrückt in Prozent, bezogen auf die Entwicklung ohne Ökosteuer) auf die Produktion und die Beschäftigung von gelernten beziehungsweise ungelernten Mitarbeitern auswirkt.

Tabelle 14.1 Produktion und Beschäftigung im Fahrzeugbau

Jahr	PROZENTUALE VERÄNDERUNG VON		
	Produktion	Qualifizierte Arbeit	Unqualifizierte
2000	0.58	-0.39	0.78
2001	0.57	-0.48	0.76
2002	0.56	-0.47	0.84
2003	-0.55	-0.64	0.73
2009	-0.91	-1.82	-0.66

Zunächst ist zu erkennen, dass die Ökosteuerreform in den ersten drei Jahren leicht positiv auf das Wachstum im Sektor Fahrzeugbau wirkt. Dies ist zurückzuführen auf die Umschichtung des Fahrzeugbestandes und schliesst den Bau zusätzlicher Schienenfahrzeuge ebenso ein, wie die erhöhte Produktion von Dieselfahrzeugen. Mit einem halben Prozentpunkt ist dieser Effekt zwar nicht gross, kann jedoch auch nicht vernachlässigt werden.

Ab 2003 beginnt sich dieser Effekt aber ins Gegenteil zu kehren und 2009 ist mit einem deutlich negativen Wachstumsimpuls zu rechen. Diese Zahlen unterstreichen den Schockcharakter der Ökosteuerreform, die kurzfristig die Nachfrage nach Fahrzeugen erhöht, langfristig aber eher nachteilig für den Sektor Fahrzeugbau ist.

Im Fahrzeugbau sind vergleichsweise viele niedrigqualifizierte Erwerbspersonen beschäftigt (vgl. Tabelle 12.1). Da die Ökosteuerreform die Lohnnebenkosten reduziert, steigt, wenn auch nur geringfügig, der Einsatz niedrig qualifizierter Arbeit. Hingegen nimmt der Bestand an qualifizierter Arbeit geringfügig ab (siehe dazu auch Abbildung 14.5b). Dies ist auf den ersten Blick überraschend. Zurückzuführen ist sie auf eine gestiegene Nachfrage der Dienstleistungssektoren nach qualifizierter Arbeit. Dadurch verteuert sich der Faktor qualifizierte Arbeit mit der Folge, dass beispielsweise der Sektor Fahrzeugbau diesen *relativ* teuren Faktor weniger nachfragt.

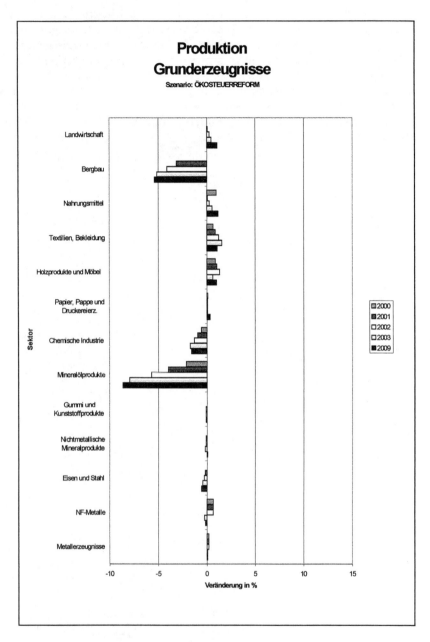

Abbildung 14.4 a Auswirkungen auf die Produktion von Grunderzeugnissen

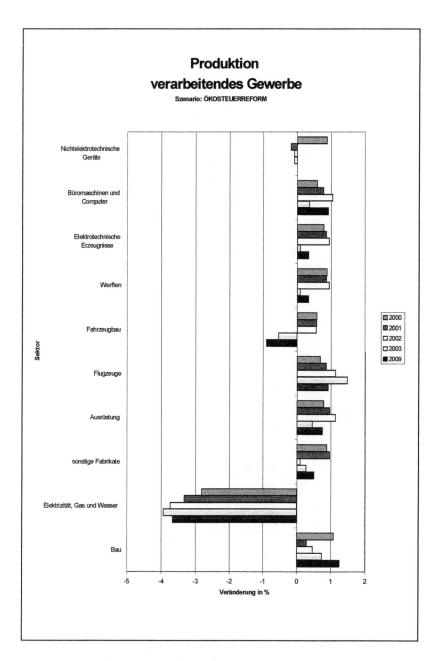

Abbildung 14.4 b Auswirkungen auf das verarbeitende Gewerbe

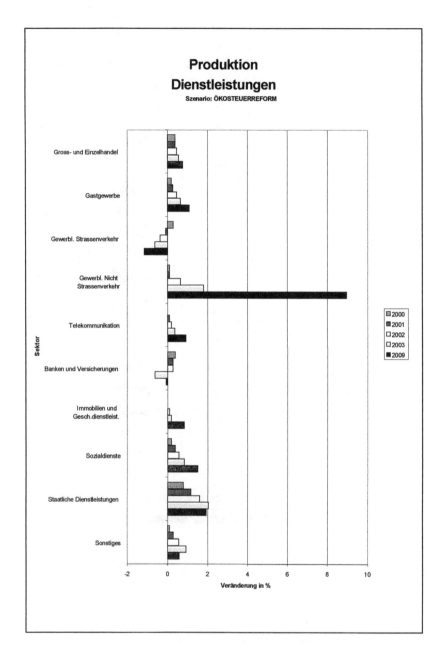

Abbildung 14.4 c Auswirkungen auf die Dienstleistungen

Die Abbildungen 14.4a bis 14.4c geben die Auswirkungen der Ökosteuerreform auf die übrigen Sektoren wieder, wenn, wie im Modell DIFFERENTIAL, strukturelle Arbeitslosigkeit erfasst ist. Wiederum werden die energieintensiv produzierenden Sektoren, namentlich der Bergbau, die Chemische Industrie und die Mineralölprodukte erzeugenden Industriezweige an stärksten getroffen. Sie müssen Umsatzeinbussen bis zu 8% hinnehmen. Die Dienstleistungssektoren zählen - mit Ausnahme des gewerblichen Strassentransports - zu den Gewinnern. Deutlich wird auch, dass das Verarbeitende Gewerbe durchwegs von der Einführung der Ökosteuer profitiert. Allerdings sind die Effekte gering und bewegen sich im 1% Bereich.

Vergleicht man diese Ergebnisse mit jenen aus Kapitel 9 (siehe Abschnitt 9.4) fallen doch einige Unterschiede auf. Auch wenn die Differenzen eher als marginal zu bezeichnen sind, fällt doch auf, dass die negativen Auswirkungen der Ökosteuer unter Berücksichtigung von Arbeitslosigkeit generell geringer ausfallen, als dies in einer Ökonomie mit Vollbeschäftigung der Fall war. Besonders deutlich tritt dieser Effekt im Verarbeitenden Gewerbe zu tage, was ein Vergleich von Abbildung 14.4b mit Abbildung 9.4b aufzeigt.

14.4 Arbeitsplatzwanderungen

Die Ursache für die unterschiedlichen Simulationsergebnisse dürfte in den Arbeitsmarkteffekten zu suchen sein. Wie Abbildung 14.3 zeigt, reduziert die Ökosteuer die Arbeitslosenquote im besten Fall und auch nur mittelfristig um ca. zwei Prozent. Dies entspricht etwa 76'000 Arbeitsplätzen. Angesichts vier Millionen Arbeitsloser ist dies ein eher bescheidener Effekt und liegt deutlich unter den Werten, die zum Beispiel vom DIW (siehe BACH et al.2001) errechnet wurden.

Darüber hinaus ist eine Entspannung auf dem Arbeitsmarkt nur zu erreichen, wenn Arbeitswillige eine hohe Mobilitätsbereitschaft zeigen, was in der Vergangenheit eher nicht der Fall war (vgl. PUHANI 2001). Denn wie die Abbildungen 14.5a bis 14.5c beziehungsweise 14.6a bis 14.6c zeigen, bedingt die Ökosteuerreform nicht nur, dass sich die Struktur der deutschen Wirtschaft ändert, sondern auch und eng damit zusammenhängend, dass in den Verliererbranchen Arbeitsplätze abgebaut, in den Gewinnersektoren hingegen neue geschaffen werden.

Dieser Effekt trifft qualifizierte Mitarbeiter übrigens stärker als unqualifizierte. Tatsächlich ist bei qualifizierten Erwerbspersonen das Gesamtbild sehr uneinheitlich (siehe Abbildungen 14.5a bis 14.5c). Da es im Gegensatz zum Arbeitsmarkt für niedrigqualifizierte Erwerbspersonen nicht möglich ist, auf Arbeitslose zurückzugreifen, stehen Beschäftigungszunahmen in einigen Sektoren wie beispielsweise Immobilien- und Geschäftsdienstleistungen zwangsläufig Beschäftigungsabnahmen in anderen Sektoren gegenüber. Hingegen erhöht die Verringerung von Lohnnebenkosten die Beschäftigung niedrigqualifizierter Erwerbspersonen durchgängig bis auf die oben genannten ausgeprägten Verlierersektoren (vgl. Abbildungen 14.6a bis 14.6c).

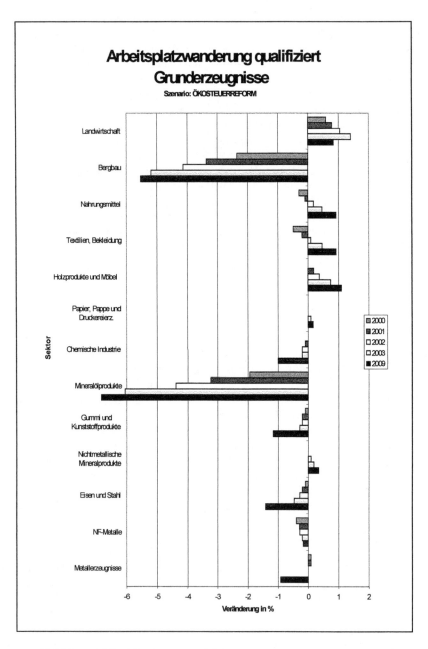

Abbildung 14.5 a Wanderung qualifizierter Arbeiter Grunderzeugnisse

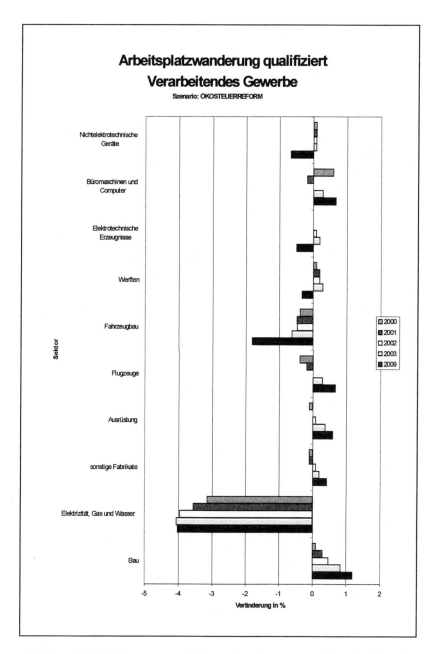

Abbildung 14.5 b Wanderung qualifizierter Arbeiter des verarbeitenden Gewerbes

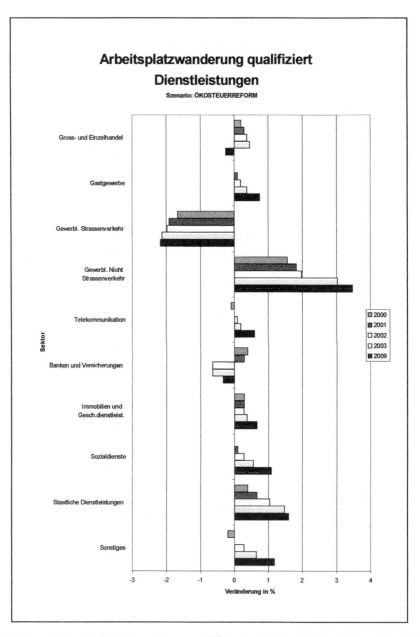

Abbildung 14.5 c Arbeitsplatzwanderung qualifizierter Arbeiter im Dienstleistungsbereich

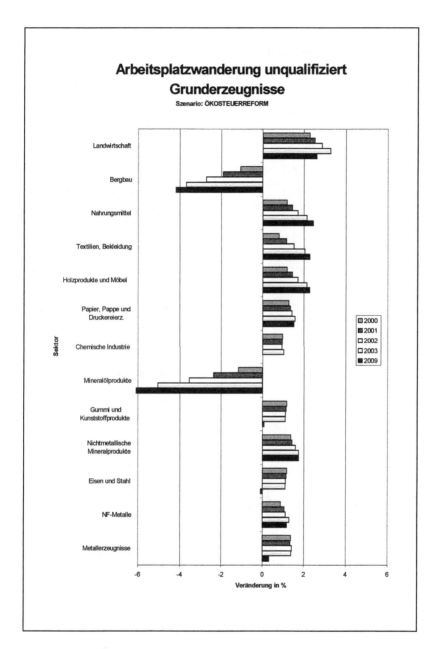

Abbildung 14.6 a Wanderung unqualifizierter Arbeiter Grunderzeugnisse

124

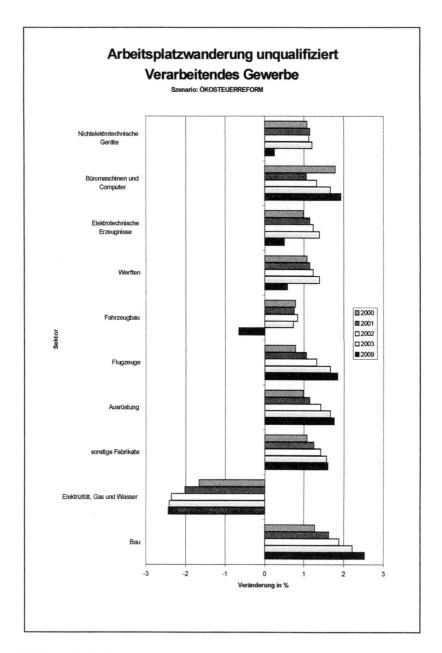

Abbildung 14.6 b Wanderung unqualifizierter Arbeiter des verarbeitenden Gewerbes

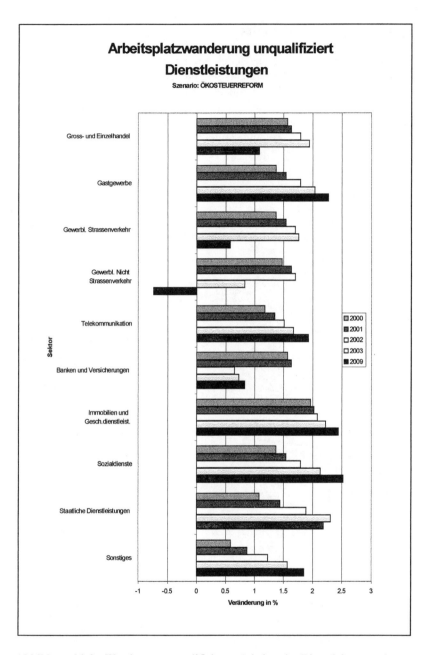

Abbildung 14.6 c Wanderung unqualifizierter Arbeiter des Dienstleistungssektors

14.5 Nachfrage nach Mobilität

Das Mobilitätsverhalten in einem Modell mit ausdifferenziertem Arbeitsmarkt unterscheidet sich kaum von den Ergebnissen, die wir in Kapitel 9 beobachtet haben, wie anhand von Abbildung 14.7 deutlich wird. Dort ist die gesamtwirtschaftliche Nachfrage nach Mobilität insgesamt sowie differenziert nach Verkehrs- beziehungsweise Mobilitätsträger wiedergegeben (gestrichelte Linien). Zum besseren Vergleich sind die Ergebnisse aus Kapitel 9 ebenfalls eingezeichnet (durchgezogene Linien).

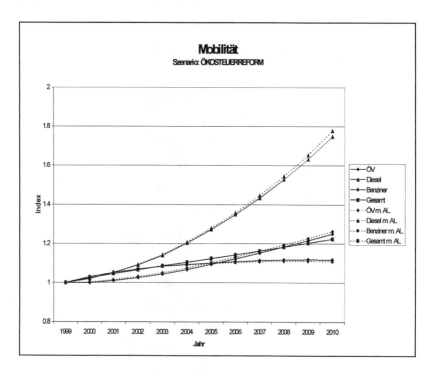

Abbildung 14.7 Nachfrage nach Mobilität

Wird strukturelle Arbeitslosigkeit explizit erfasst, reagiert der Individualverkehr tendenziell stärker auf die ökologische Steuerreform als dies in einer Ökonomie unter Vollbeschäftigung der Fall wäre. Die Effekte sind zwar gering, doch bemerkenswert. Erstens erkennen wir, dass die Gesamtmobilität unter struktureller Arbeitslosigkeit in etwa der unter Vollbeschäftigung entspricht. Zweitens legt die mit Dieselfahrzeugen beziehungsweise mit öffentlichen Verkehrsmitteln erbrachte

Mobilitätsdienstleistung zu, wenn strukturelle Arbeitslosigkeit erfasst wird. Entsprechend verliert drittens das Benzin-Auto an Bedeutung, wenn es darum geht, die individuellen Bedürfnisse nach Mobilität zu befriedigen.

Niederschlag muss das geänderte Nutzungsprofil in der Zusammensetzung der Fahrzeugbestände finden. Prinzipiell bestätigt dies Abbildung 14.8, auch wenn die Unterschiede von nahezu vernachlässigbarer Grössenordnung sind.

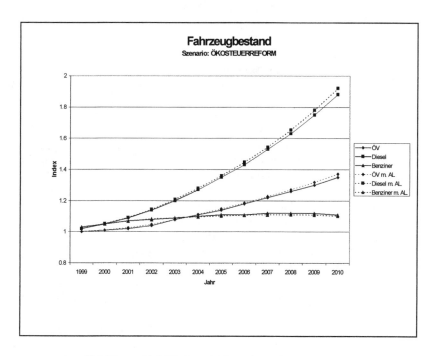

Abbildung 14.8 Die Entwicklung des Fahrzeugbestands

Im Vergleich zu einer Ökonomie mit Vollbeschäftigung ist der Bestand an privaten PKW niedriger, wenn Arbeitslosigkeit herrscht. Dies ist nicht verwunderlich, stellt doch der Kauf eines Autos für Private in der Regel eine erhebliche Investition dar. Deutlich ist auch die Bestandsumschichtung zu erkennen. Die Betriebskosten eines Diesel-PKW sind bei vergleichbaren Fahrleistungen, Sicherheitsstandards und Komfort geringer als die eines Benzin-PKW. Da Arbeitslosigkeit das im Durchschnitt verfügbare Einkommen schmälert, spielen Betriebskosten bei Investitionsentscheidungen eine erheblich grössere Rolle.

15 Resümee

Welche Schlussfolgerungen drängen sich nach unseren Überlegungen und Berechnungen auf? Oder provokativ und überspitzt gefragt: Ist die ökologische Steuerreform mehr als eine moderne Form von Raubrittertum an der Zapfsäule? Ist sie geeignet, die Umweltqualität zu verbessern und gleichzeitig den Standort Deutschland durch den Abbau verzerrender Steuerbelastungen zu fördern?

Zunächst sei daran erinnert, der eigentliche Zweck einer Ökosteuer besteht darin, über den Hebel einer gezielten Verteuerung umweltbelastendes oder gar – schädigendes Verhalten wirtschaftlich unattraktiv zu machen und auf diese Weise zurückzudrängen. Sollte dies im Sinne der ökonomischen Theorie *korrekt* geschehen, müsste die Ökosteuer jedes Wirtschaftssubjekt mit allen, von ihm verursachten sozialen Kosten so belasten, dass eine Pareto-effiziente Nutzung unserer natürlichen Umwelt sichergestellt wird (siehe dazu TURNER et al. 1994).

Leider lässt sich diese, auf PIGOU (1920) zurückgehende ideale Variante der Ökosteuer in der Praxis nicht realisieren. Dies setzte nämlich vollständige Kenntnisse über die Präferenzen aller Individuen einerseits sowie über die Produktionstechnologien sämtlicher Unternehmungen andererseits voraus; ganz zu schweigen von der Tatsache, dass eine *Pigou-Steuer* ständig an die Veränderungen einer sich entwickelnden Volkswirtschaft angepasst werden muss.

Da die hohen Informationserfordernisse einer Pareto-effizienten Internalisierung der externen Kosten von Umweltbelastungen im Wege stehen, haben BAUMOL und OATES (1971) mit dem Preis-Standard-Ansatz eine pragmatische Variante vorgeschlagen. Danach solle der Staat das umweltpolitische Ziel, den sogenannten Standard, festsetzen und eine Mengensteuer, den Preis, über einen *trail–and-error* Prozess so bestimmen, dass die umweltpolitische Zielsetzung kostenminimierend erreicht wird.

Diese pragmatische Umsetzung des *Pigou-Konzepts* bedingt nicht nur, dass von der Fiktion einer Pareto-effizienten Umweltpolitik Abschied genommen wird. Es ist auch ein Abschied von der Vorstellung, Umweltschutz durch Steuern sei im Voraus korrekt planbar. Übrig bleibt nur eine Tendenzaussage, oder wie AHLHEIM (2201, S. 3) schreibt: "Die Erhebung einer einheitlichen Mengensteuer auf Emissionen (...) führt unter *normalen* Umständen zu einer gesamtwirtschaftlichen Emissionsverminderung, und stellt sicher, dass diese Emissionsverminderung mit minimalem gesellschaftlichen Kosten realisiert wird."

Schon aus diesen Überlegungen wird deutlich, dass die in der Bundesrepublik Deutschland aufgegleiste Ökosteuerreform nur von geringer ökologischer Zielgenauigkeit sein kann. Dazu kommt, dass sich die Höhe der Ökosteuer nicht an einer konkreten ökologischen Zielvorgabe orientiert, und die potentielle Lenkungswirkung durch die vielen Ausnahmeregelungen erheblich reduziert wird (vgl. dazu Kapitel 9). Nicht überraschen kann deshalb die pessimistische Einschätzung von BACH et al. (2001) aber auch KLEMMER (1999), wonach die ökologische Steuerreform die bundesrepublikanischen CO_2-Emissionen im Vergleich zur Entwicklung ohne Steuerreform bestenfalls um zwei Prozent reduziere. Und auf Grund der

Art und Weise wie die Ökosteuer ausgestaltet wurde, – teils als Brennstoffsteuer, teils als Energieabgabe – ist nicht einmal das von BAUMOL und OATES (1971) anvisierte Ziel der Kosteneffizienz erreicht.

Überhaupt drängt sich der Eindruck auf, die politischen Entscheidungsträger hätten vor allem die fiskalischen Aspekte der ökologischen Steuerreform im Auge gehabt. Klar ist: Werden die Lohnnebenkosten gesenkt und somit Arbeit verbilligt, sollte dies den Arbeitsmarkt stimulieren. Doch schon einfache Überlegungen über die verkürzte Sicht des direkten Effekts hinaus legen die Vermutung nahe, die Belebung des Arbeitsmarkts könne nur geringfügig ausfallen. Ein Teil der Kostenentlastung wird nämlich durch die Verteuerung von Energie und Kraftstoffen wieder aufgehoben. Dies bremst nicht nur das Wirtschaftswachstum, sondern löst auch Rationalisierung und Umstrukturierung aus, was sich üblicherweise negativ auf dem Arbeitsmarkt niederschlägt. Dazu tritt, dass die Last der Ökosteuer zu 60% von den privaten Haushalten getragen wird, diese aber in weitaus geringeren Masse als die Unternehmungen von der Senkung der Lohnnebenkosten profitieren (vgl. AHLHEIM 2001). Dies schwächt die private Kaufkraft und so das Wirtschaftswachstum zusätzlich.

Dennoch kommt die DIW-Studie (siehe BACH et al. 2001) zum Schluss, dass bei unverändertem Wirtschaftswachstum dank der Ökosteuerreform bis zu 250'000 neue Arbeitsplätze geschaffen werden können. Unsere Studie finden diesbezüglich weniger positive Aussagen. Und sie entwirft ein ausdifferenzierteres Bild beispielsweise dann, wenn wir davon ausgehen, Arbeitslosigkeit sei das Ergebnis starrer Regulierungen und der Durchsetzung von Verhandlungsmacht auf Seite der Gewerkschaften. Behindern als Folge davon Mindestlöhne die Lohnflexibilität, ist der Ausweis der ökologischen Steuerreform ernüchternd. Denn die Ökosteuer wirkt nicht nur in der Einführungsphase negative auf die Entwicklung der deutschen Wirtschaft. Dieser Effekt hält an, und Deutschland findet innerhalb der nächsten zehn Jahre nicht mehr auf den Wachstumspfad zurück, den sie ohne Steuerreform hätte realisieren können (siehe dazu Kapitel 13, Abbildung 13.1). Der Versuch, über eine ökologische Steuerreform sowohl die Umwelt als auch die Arbeitsmärkte zu entlasten, führt somit zum überaus unerfreulichen Ergebnis, negativ auf den Standort Deutschland zu wirken.

Diese Aussage erscheint uns wesentlich. Denn wenn es stimmt, dass die Anpassungsfähigkeit der deutschen Wirtschaft durch institutionelle Regelungen erheblich behindert ist, wenn die Konsensfähigkeit der Tarifparteien zu gering und die Versuchung zu gross ist, die Erholung am Arbeitsmarkt in Lohnforderungen zu überführen, dann kann die Ökosteuerreform eine zweite Dividende nicht realisieren. Sie ist nicht nur nicht geeignet, die in der Bundesrepublik Deutschland herrschende Arbeitsmarktproblematik auch nur in Ansätzen zu beheben. Sie verschärft sie diese sogar noch. Mit dieser Analyse stimmen übrigens auch KLEMMER (1999) sowie BACH et al. (2001) überein.

Der Zustand der deutschen Arbeitsmärkte ist jedoch mit Lohnrigidität und Mangel an Flexibilität nicht hinreichend gekennzeichnet. Ein weiteres, wesentliches Charakteristikum ist, dass Arbeitslosigkeit Geringqualifizierte in der Regel erheblich stärker trifft als qualifizierte Mitarbeiter. Wird diese Asymmetrie berücksichtigt, schneidet die ökologische Steuerreform erheblich besser ab. Zunächst wirkt die Ökosteuer zwar auch wie ein negativer Schock. Doch kehrt die deutsche Volkswirtschaft zügig auf ihren Wachstumspfad ohne Steuerreform zurück. Die Ökosteuer hat somit langfristig keinen Einfluss auf die gesamtwirtschaftliche Entwicklung. Und die Verringerung der Lohnnebenkosten erhöht die Beschäftigung geringqualifizierter Erwerbspersonen. Im besten Fall könnten so bis zu 70'000 neue Arbeitsplätze entstehen (siehe Kapitel 14).

Die Wortwahl *im besten Fall* signalisiert, dass es angesichts der Situation auf den bundesdeutschen Arbeitsmärkten fast ein Wunder wäre, würde die berechnete Entspannung realisiert. Auch wenn die Effekte geringfügig sind, die Ökosteuerreform beschleunigt den strukturellen Wandel der deutschen Wirtschaft. An Bedeutung verlieren die traditionellen Industriebranchen, während Unternehmungen aus den Bereichen Dienstleistungen, Informationsverabeitung und –gestaltung von der Ökosteuer profitieren. Entsprechend treten Arbeitsplatzverlagerungen auf, und der Arbeitsplätze schaffende Effekte der Ökosteuer wird nur genutzt, wenn Arbeitsuchende eine entsprechende Bereitschaft zu Mobilität aufbringen und nicht durch institutionelle Regulierungen behindert werden.

Ist nun die Ökosteuerreform eine ökologische und ökonomische Mogelpackung? Aus theoretischer Sicht keineswegs. Die Kombination aus einer Brennstoff- und Energiebesteuerung, wie im Rahmen der ökologischen Steuerreform verabschiedet, ist sehr wohl geeignet, die erste und eine zweite Dividende zu realisieren (siehe dazu AHLHEIM 2001). Allerdings hat die Bundesregierung bei der Umsetzung der Reformidee viel politische Rücksichtnahme walten lassen und das theoretisch lobenswerte Grundkonzept erheblich verwässert. Das erklärte Ziel[17], die deutschen CO_2-Emisionen mit Hilfe der Ökosteuer deutlich zu senken und wirkungsvoll zur Lösung der globalen Klimaproblematik beizutragen, wird so mit Sicherheit verfehlt.

Mit so wenig politischem Selbstbewusstsein ist die Zukunft nicht zu gewinnen, auch wenn in dieser Studie Anzeichen dafür zu finden sind, dass die Ökosteuer die Wettbewerbsfähigkeit des Industriestandorts Deutschland graduell verbessert, den Wandel von einer Industrie- zur Dienstleistungs- und Informationsgesellschaft beschleunigt, eine Umverteilung zugunsten künftiger Generationen auslöst, und zu einer moderaten Entspannung auf den Arbeitsmärkten führen kann.

---

[17] Siehe dazu: www.bundesregierung.de, die Homepage der Bundesregierung.

Literaturhinweise

AHLHEIM M (1993) Die praktische Umsetzung umweltökonomischer Konzepte am Beispiel des Abfallproblems. *Staatswissenschaften und Staatspraxis* 3/93:348-387

AHLHEIM M (2001) *Ökosteuern – Idee und Wirklichkeit.* Diskussionsbeitrag 199/2001, Institut für Volkswirtschaftslehre, Hohenheim

ALBERT M, MECKL J (2001) Green Tax Reform and Two-Component Unemployment: Double Dividend or Double Loss? *Journal of Institutional and Theoretical Economics* 157:265-281

ANDERSON WA (1985) Indivisibility, Irreversibility and the Demand for Consumer Durables. *Journal of Macroeconomics* 7:363-380

BACH S, KOHLHASS M, MEYER B, PRAETORIUS B, WELCH H (2001) *Modellgestützte Analyse der ökologisch3en Steuerreform mir LEAN, PANTA RHEI und dem Potsdamer Mikrosimulationsmodell.* DIW Discussion Paper NO.248, Berlin

BENDER S (1996) *Die IAB-Beschäftigtenstichprobe 1975 - 1990.* BeitrAB 197.

BERNHOLZ P, BREYER F (1993) *Grundlagen der Politischen Ökonomie – Band 1: Theorie der Wirtschaftssysteme.* J.C.B. Mohr (Paul Siebeck), Tübingen

BINSWANGER HC, FRISCH H, NUTZINGER HG (1983) *Arbeit ohne Umweltzerstörung. Strategien einer neuen Umweltpolitik.* Fischer - Verlag, Frankfurt

BÖHRINGER C, RUCCO A, WIEGARD W (2001a) *Energy Taxes and Employment: A Do-it-yourself Simulation Model.* ZEW Discussion Paper 21-01, Mannheim

BÖHRINGER C, WELSCH H, LÖSCHEL A (2001b) *Environmental Taxation and Structural Change in an Open Economy: A CGE Analysis with Imperfect Competition and Free Entry.* ZEW Discussion Paper 07-01, Mannheim

BORJAS G (1996) *Labor Economics.* McGraw-Hill, New York

BOVENBERG AL (1999) Green Tax Reform and the Double Dividend: An Updated Reader's Guide. *International Tax and Public Finance* 6:421-443

BAUMOL W, OATES W (1971) The Use of Standards and Prices for Protection of the Environment. *Swedish Journal of Economics* 73:160-173

BROWN C, GILROY C, KOHNEN A (1982) The Effect of Minimum Wages on Employment and Unemployment. *Journal of Economic Literature* 20:487-528

BUTTON KJ (1993) *Transport Economics.* Edgar Elgar, Cambridge UK

DAHL CA, STERNER T (1992) Modelling Transport Fuel Demand. In: Sterner T (ed) *International Energy Economics.* Chapman and Hall, London

DIEKMANN A (1995) Umweltbewusstsein oder Anreizstrukturen? Empirische Erfahrungen zum Energiesparen, der Verkehrsmittelwahl und zum Konsum-

132

verhalten. In: Diekmann A, Franzen A (eds) *Kooperatives Umwelthandeln: Modelle, Erfahrungen, Massnahmen.* Verlag Rüegger, Chur

DOLADO J, FELGUEROSO F, JIMENO J (2000) The Role of Minimum Wages in the Welfare State. *Schweizerische Zeitschrift für Nationalökonomie und Statistik* 136:223-245

DUCHIN F, LANGE GM (1994) *The Future Of The Environment: Ecological Economics and Technological Change.* Oxford University Press, New York

ENDRES A (1985*) Umwelt- und Ressourcenökonomie.* Wissenschaftlich Buchgesellschaft, Darmstadt

ESPEY M (1996) Watching the Fuel Gauge: An International Model of Automobile Fuel Economy. *Energy Economics* 18:93-106

FITZROY F, FUNKE M (1995) Capital-Skill Complementarity in West German Manufacturing. *Empirical Economics* 20:651-665

FULLERTON D (1997) Environmental Levies and Distortionary Taxation. *American Economic Review* 87:245-251

GAHLEN B, HESSE H, RAMSER HJ (1996) *Arbeitslosigkeit und Möglichkeiten ihrer Überwindung.* Mohr (Siebeck), Tübingen

GEHR P, KOST C, STEPHAN G (eds) (1997) CO_2 – *Eine Herausforderung für die Menschheit.* Springer-Verlag, Berlin, Heidelberg

GINSBURGH V, KEYZER M (1997) *The Structure of Applied General Equilibrium Models.* MIT Press, Cambridge

GORDON RH, BOVENBERG AL (1996) Why is Capital so Immobile Internationally? Possible Explanations and Implications for Capital Income Taxation. *American Economic Review* 86:1057-1075

GOULDER L (1995) Environmental Taxation and the Double Dividend: A Reader's Guide. *International Tax and Public Finance* 2:157-183

GOULDER L (ed) (2001) *Environmental Policy Making in Economies with Prior Tax Distortions.* Edgar Elgar, Cheltenham Glos

HAMERMESH DS (1993*) Labor Demand.* Princeton University Press, Princeton

HARBERGER AC (1966) Efficiency Effects of an Income Tax on Capital. In: Krzyzaniak M (ed) *Effects of Corporation Income Tax.* Wayne State University Press

HOEL M (1997) How Should International Greenhouse Gas Agreements Be Designed? In: Dasgupta P, Maler KG, Vercelli A (eds) *The Economics of Transnational Commons.* Oxford University Press, Oxford

KHAZZOOM JD (1991) The Impact of a Gasoline Tax on Auto Exhaust Emissions. *Journal of Policy Analysis and Management* 10:434-454

KIRCHGÄSSNER G, MÜLLER U, SAVIOZ M (1998) Ecological Tax Reform and Involuntary Unemployment: Simulation Results for Switzerland. *Schweizerische Zeitschrift für Volkswirtschaft und Statistik*: 134:329-354

KLEMMER K (1999) Zur ökologischen Steuerreform – eine kritische Zwischenbilanz. In: Henke KD (ed.) Öffentliche Finanzen zwischen Wachstum und Verteilung. Nomos Verlagsgesellschaft, Baden-Baden

KOMEN M, PEELINGS J (1999) Energy Taxes in the Netherlands: What are the Dividends? *Environmental and Resource Economics* 14:243-268

KOOPMANS T (1960) Stationary Utility and Impatience. *Econometrica* 28:287-309

KOSKELA E, SCHÖB R, SINN HW (2001) Green Tax Reform and Competitiveness. *German Economic Review* 2:19-30

MANNE AS, RICHELS R (1992) *Buying Greenhouse Gas Insurance - The Economic Cost of CO$_2$ Emission Limits*. MIT Press, Cambridge

MANNE AS, RICHELS R (1995) The Greenhouse Debate, Economic Efficiency, Burden Sharing and Hedging Strategies. *Energy Journal* 16:1-37.

MANSUR A, WHALLEY J (1984) Numerical Specification of Applied General Equilibrium Models: Estimation, Calibration, and Data. In: Scarf H, Shoven J (eds) *Applied General Equilibrium Analysis*. Cambridge University Press, Cambridge

MEIER R, MESSERLI P, STEPHAN G (eds) (1998) *Ökologische Steuerreform für die Schweiz*. Verlag-Rüegger, Chur

PEARCE D (1991) The Role of Carbon Taxes in Adjusting to Global Warming. *Economic Journal* 101:938-948

PFISTER C (ed) (1995) *Das 1950 Syndrom: Der Weg in die Konsumgesellschaft*. Haupt – Verlag, Bern

PIGOU AC (1920) *The Economics of Welfare*. Macmillan, London

PROOPS JLR, FABER M, WAGENHALS G (1992) *Reducing CO$_2$ Emissions: A Comparative Input-Output-Study for Germany and the UK*. Springer-Verlag, Berlin, Heidelberg

PUHANI PA (2001) Labour Mobility: An Adjustment Mechanism in Europland? Empirical Evidence for Western Germany, France and Italy. *German Economic Review* 2:127-140

RICHTER W, SCHNEIDER K (2001) Taxing Mobile Capital with Labor Market Imperfection. To appear in *International Tax and Public Finance*

SHOVEN J, WHALLEY J (1992) *Applying General Equilibrium*. Cambridge University Press, Cambridge

SINN HW (1987) *Capital Income Taxation and Resource Allocation*. North-Holland, Amsterdam

SINN HW (1999) Wage Differentiation and Share Ownership to Counter the Domestic Threat of Globalisation. In: Siebert H (ed.) *Globalisation and Labor*. Mohr - Verlag, Tübingen

STEPHAN G (1995) *Introduction Into Capital Theory*. Springer-Verlag, Berlin

STEPHAN G, IMBODEN D (1995) Laissez-faire, Kooperation oder Alleingang: Klimapolitik in der Schweiz. *Schweizerische Zeitschrift für Volkswirtschaft und Statistik* 131:203-226

STEPHAN G, AHLHEIM M (1996) *Ökonomische Ökologie*. Springer-Verlag, Berlin

STEPHAN G, PREVIDOLI P (1997) *Langfristige Auswirkungen der Umwelt-Energie-Initiative: eine berechenbare Gleichgewichtsstudie für die Schweiz.* Gutachten im Auftrag des Bundesamtes für Energiewirtschaft (BEW), Bern.

STEPHAN G, MÜLLER-FÜRSTENBERGER G (1997) Environmental Policy and International Co-operation: Introduction and Overview. *Structural Change and Economic Dynamics* 8:99-114

STEPHAN G, MÜLLER-FÜRSTENBERGER G (2000) *ENERGIE, MOBILITÄT UND WIRTSCHAFT- die Auswirkungen einer Ökosteuer auf Energie, Kraftstoff und Mineralöle.* Gutachten im Auftrag der Volkswagen AG, Wolfsburg, Bern 2000

STEPHAN G, VAN NIEWKOOP R, WIEDMER T (1992) Social Incidence and Economic Costs of Carbon Limits: A Computable Equilibrium Analysis for Switzerland. *Environmental and Resource Economics* 2:569-591

STEPHAN G, STEFFEN S, WIEDMER T (1994) Umwelt, Bewusstsein und Handeln: eine ökonomische Analyse. *GAIA* 3:36-43

STERNER T (1990) *The Pricing of and Demand for Gasoline.* Swedish Transport Research Board, Stockholm

SUAREZ J (1999) The Impact of Import Competition on Employment and Wages in Swiss Manufacturing. *Schweizerische Zeitschrift für Volkswirtschaft und Statistik* 135:607-618

TURNER RK, PEARCE D, BATEMAN I (1994) *Environmental Economics: An Elementary Introduction.* Haevester – Wheatsheaf, London

UMWELTBERICHTERSTATTUNG (1992) *Naturschutz - ein Dauerbrenner.* Institut der Deutschen Wirtschaft, Köln

UMWELTBUNDESAMT (1999) *Ökologische Steuerreform: Wie die Steuerpolitik Umwelt und Marktwirtschaft versöhnen kann.* Erich Schmitt Verlag, Berlin

VDA (2001) *Auto 2001, Jahresbericht.* Verband der Deutschen Automobilindustrie, Franfurt a.M

VOLKSWAGEN AG (1997) Früherkennung als Baustein des betrieblichen Umweltschutzes. In: Internationale Handelskammer (ed) *Überzeugt vom Umweltschutz.* Band 2. Economica Verlag, Bonn

VOLKSWAGEN AG (2000) Monitoring Report, Wolfsburg

WELCH H (1996) Recycling of Carbon/Energy Taxes and the Labor Market. *Environmental and Resource Economics* 8:141-155

WENKE M (1993) *Konsumstruktur, Umweltbewusstsein und Umweltpolitik.* Dunker und Humbolt, Berlin